知って極《きわ》める！

ラーメンのすべて

ラーメンのすべて編集部 著
一般社団法人日本ラーメン協会 協力

日本独自の
進化と
おいしさを
大研究

日本《にほん》独自《どくじ》の食文化《しょくぶんか》
「ラーメン」のことが
すべてわかる！
日本全国《にほんぜんこく》にある
ご当地《とうち》ラーメンとは？

ラーメンの起源《きげん》や歴史《れきし》は？

ラーメンには
どんな材料《ざいりょう》が
使《つか》われて
いるの？

インスタントラーメンは
いつどこで生《う》まれたの？

ラーメンの
マナーや
食《た》べ方《かた》は？

はじめに

ラーメンは、日本《にほん》を代表《だいひょう》する料理《りょうり》のひとつです。スープ、中華麺《ちゅうかめん》、トッピングというシンプルな構成《こうせい》ながらも、その組《く》み合《あ》わせ次第《しだい》で無限《むげん》の可能性《かのうせい》を秘《ひ》めており、醤油《しょうゆ》や味噌《みそ》、塩《しお》、豚骨《とんこつ》をはじめ、現代《げんだい》では創作《そうさく》ラーメンや海外《かいがい》で進化《しんか》したラーメンも登場《とうじょう》し、世界中《せかいじゅう》の人々《ひとびと》を魅了《みりょう》しています。

本書《ほんしょ》では、ラーメンの歴史《れきし》や文化《ぶんか》から、全国各地《ぜんこくかくち》のご当地《とうち》ラーメンの紹介《しょうかい》、そしてインスタントラーメンの種類《しゅるい》や製造工程《せいぞうこうてい》などを紹介《しょうかい》し、その奥深《おくぶか》い魅力《みりょく》に迫《せま》ります。ラーメンの楽《たの》しみ方《かた》を知《し》れば、さらに深《ふか》く味《あじ》わうことができ、一杯《いっぱい》のラーメンがあなたの日常《にちじょう》を豊《ゆた》かにしてくれることでしょう。

さあ、一緒《いっしょ》にラーメンの世界《せかい》を旅《たび》し、そのおいしさの秘密《ひみつ》を探《さぐ》りましょう。

Contents

知《し》って極《きわ》める！ ラーメンのすべて

第《だい》2章《しょう》 インスタントラーメンって何《なに》？

第《だい》3章《しょう》　全国《ぜんこく》のご当地《とうち》ラーメン

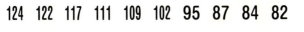

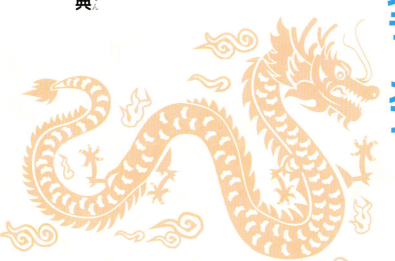

本書《ほんしょ》の特徴《とくちょう》と見方《みかた》

本書《ほんしょ》はラーメンにまつわる歴史《れきし》や文化《ぶんか》を豊富《ほうふ》なビジュアルで楽《たの》しく知《し》ることができます。第《だい》1章《しょう》ではそもそもラーメンとは何《なに》かを紹介《しょうかい》し、代表的《だいひょうてき》な材料《ざいりょう》やラーメンの種類《しゅるい》について知《し》ることができます。第《だい》2章《しょう》ではインスタントラーメンの歴史《れきし》や成《な》り立《た》ち、製造工程《せいぞうこうてい》や食《た》べる際《さい》の作《つく》り方《かた》などを紹介《しょうかい》します。第《だい》3章《しょう》では全国《ぜんこく》のご当地《とうち》ラーメンを紹介《しょうかい》します。

漢字《かんじ》にはルビを振《ふ》っています。

各見出《かくみだ》しのテーマについて、基本的《きほんてき》に見開《みひら》きで解説《かいせつ》しています。気《き》になる項目《こうもく》から見《み》ていきましょう。

第1章 ラーメンとは何?
ラーメンの語源《ごげん》や別名《べつめい》は?
ラーメンとは、実は「拉麺」「老麺」といった漢字表記があり、その名前の背景には多くの謎と面白いエピソードが隠されています。ラーメンの歴史をひも解くと、その名前の違いに隠された深い意味を発見することができます。
「拉麺《らーめん》」
中国語で「引き伸ばす麺」を意味します。中国で古くから伝わる麺の作り方を指し、手で生地を伸ばして細長い麺を作ることから、この名前が付きました。
「老麺《らーめん》」
長い時間発酵させた生地を使った麺を指し、これも中国に由来します。
「中華《ちゅうか》そば」「支那《しな》そば」
日本でラーメンが広がる過程で、「中華そば」や「支那そば」といった名称も登場しました。これらの名前は、当時の日本人がラーメンを区別するために使いはじめたもので、「中華そば」は中国から伝わった麺料理という意味で、「支那そば」は中国の古い呼称である「支那」から来ています。しかし、時代とともに「支那」という言葉が差別的な意味合いを持つようになり、「中華そば」という名称が主流となりました。現在でも「支那そば」の名前を守り続ける店はあります。
01
ラーメンってどんな料理《りょうり》?
中国《ちゅうごく》にルーツを持《も》ち
日本独自《にほんどくじ》に進化《しんか》した麺料理《めんりょうり》
スープ
豚骨、醤油、塩、味噌など、さまざまな味付けが可能で、地域や店舗によって多様なバリエーションがあります。
具材
チャーシュー、メンマ、味付け玉子、刻みネギ、海苔など、トッピングの種類も豊富です。
中華麺
小麦粉を原材料とし、かんすいというアルカリ性の水を使用して作られるため、独特のコシと弾力を持ちます。
手軽で庶民的な国民食であり
海外でも人気のグルメでもある
ラーメンは、日本においてとても人気のある麺料理のひとつです。中華麺とスープを基本とし、チャーシューやメンマ、味付け玉子、刻みネギ、海苔などさまざまな具材を加えて、提供されます。
ラーメンは、もともと中国から伝わった料理で、「拉麺」「中華そば」「支那そば」など、さまざまな名称で呼ばれていて、それぞれに由来と意味があります。ラーメンを食べる際には、その名前の背景にある物語を知ると面白いかもしれません。
現在は日本で独自に進化した「ラーメン」が、国民食として愛されています。
手軽に楽しめる庶民的な料理としてだけでなく、近年では職人技が光るグルメフードとしても評価されています。ミシュランガイドに掲載されるラーメン店も出現し、海外でも高く評価されています。
また、地域ごとに独自のスタイルが発展しており、「ご当地ラーメン」として観光客にも人気です。
また、袋麺やカップ麺としてもたくさんの商品が出ているのもラーメンの特徴のひとつです。携帯性や保存性に優れて、安くて日常的に手軽に食べることができます。

より深掘《ふかぼ》りしたい内容《ないよう》を紹介《しょうかい》しています。

写真《しゃしん》・イラストなど豊富《ほうふ》なビジュアルを使《つか》って、わかりやすく解説《かいせつ》しています。

※本書《ほんしょ》の情報《じょうほう》は2024年《ねん》12月《がつ》時点《じてん》のものです。

第《だい》1章《しょう》

ラーメンとは何《なに》？

01 ラーメンってどんな料理《りょうり》？

中国《ちゅうごく》にルーツを持《も》ち日本《にほん》独自《どくじ》に進化《しんか》した麺料理《めんりょうり》

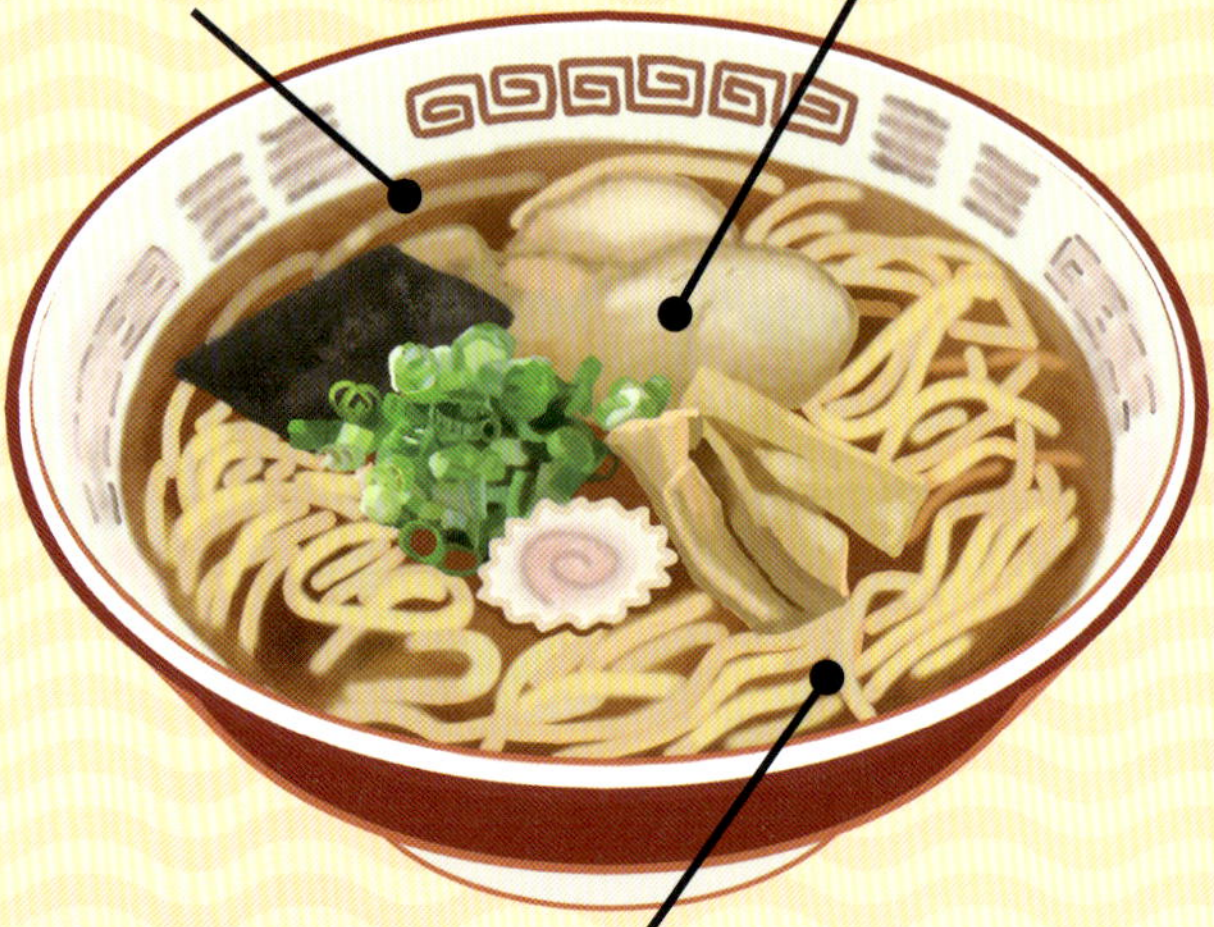

スープ

豚骨《とんこつ》、醤油《しょうゆ》、塩《しお》、味噌《みそ》など、さまざまな味付《あじつ》けが可能《かのう》で、地域《ちいき》や店舗《てんぽ》によって多様《たよう》なバリエーションがあります。

具材《ぐざい》

チャーシュー、メンマ、味付《あじつ》け玉子《たまご》、刻《きざ》みネギ、海苔《のり》など、トッピングの種類《しゅるい》も豊富《ほうふ》です。

中華麺《ちゅうかめん》

小麦粉《こむぎこ》を原材料《げんざいりょう》とし、かんすいというアルカリ性《せい》の水《みず》を使用《しよう》して作《つく》られるため、独特《どくとく》のコシと弾力《だんりょく》を持《も》ちます。

手軽《てがる》で庶民的《しょみんてき》な国民食《こくみんしょく》であり海外《かいがい》でも人気《にんき》のグルメでもある

ラーメンは、日本《にほん》においてとても人気《にんき》のある麺料理《めんりょうり》のひとつです。中華麺《ちゅうかめん》とスープを基本《きほん》とし、チャーシューやメンマ、味付《あじつ》け玉子《たまご》、刻《きざ》みネギ、海苔《のり》などさまざまな具材《ぐざい》を加《くわ》えて、提供《ていきょう》されます。

ラーメンは、もともと中国《ちゅうごく》から伝《つた》わった料理《りょうり》で、「拉麺《らーめん》」「中華《ちゅうか》そば」「支那《しな》そば」など、さまざまな名称《めいしょう》で呼《よ》ばれていて、それぞれに由来《ゆらい》と意味《いみ》があります。ラーメンを食《た》べる際《さい》には、その名前《なまえ》の背景《はいけい》にある物語《ものがたり》を知《し》ると面白《おもしろ》いかもしれません。

現在《げんざい》は日本《にほん》で独自《どくじ》に進化《しんか》した「ラーメン」

ラーメンの語源《ごげん》や別名《べつめい》は?

ラーメンとは、実《じつ》は「拉麺《らーめん》」「老麺《らーめん》」といった漢字表記《かんじひょうき》があり、その名前《なまえ》の背景《はいけい》には多《おお》くの謎《なぞ》と面白《おもしろ》いエピソードが隠《かく》されています。ラーメンの歴史《れきし》をひも解《と》くと、その名前《なまえ》の違《ちが》いに隠《かく》された深《ふか》い意味《いみ》を発見《はっけん》することができます。

「拉麺《らーめん》」

中国語《ちゅうごくご》で「引《ひ》き伸《の》ばす麺《めん》」を意味《いみ》します。中国《ちゅうごく》で古《ふる》くから伝《つた》わる麺《めん》の作《つく》り方《かた》を指《さ》し、手《て》で生地《きじ》を伸《の》ばして細長《ほそなが》い麺《めん》を作《つく》ることから、この名前《なまえ》が付《つ》きました。

「老麺《らーめん》」

長《なが》い時間発酵《じかんはっこう》させた生地《きじ》を使《つか》った麺《めん》を指《さ》し、これも中国《ちゅうごく》に由来《ゆらい》します。

「中華《ちゅうか》そば」「支那《しな》そば」

日本《にほん》でラーメンが広《ひろ》がる過程《かてい》で、「中華《ちゅうか》そば」や「支那《しな》そば」といった名称《めいしょう》も登場《とうじょう》しました。これらの名前《なまえ》は、当時《とうじ》の日本人《にほんじん》がラーメンを区別《くべつ》するために使《つか》いはじめたもので、「中華《ちゅうか》そば」は中国《ちゅうごく》から伝《つた》わった麺料理《めんりょうり》という意味《いみ》で、「支那《しな》そば」は中国《ちゅうごく》の古《ふる》い呼称《こしょう》である「支那《しな》」から来《き》ています。しかし、時代《じだい》とともに「支那《しな》」という言葉《ことば》が差別的《さべつてき》な意味合《いみあ》いを持《も》つようになり、「中華《ちゅうか》そば」という名称《めいしょう》が主流《しゅりゅう》となりました。現在《げんざい》でも「支那《しな》そば」の名前《なまえ》を守《まも》り続《つづ》ける店《みせ》はあります。

が、国民食《こくみんしょく》として愛《あい》されています。

手軽《てがる》に楽《たの》しめる庶民的《しょみんてき》な料理《りょうり》としてだけでなく、近年《きんねん》では職人技《しょくにんわざ》が光《ひか》るグルメフードとしても評価《ひょうか》されています。ミシュランガイドに掲載《けいさい》されるラーメン店《てん》も出現《しゅつげん》し、海外《かいがい》でも高《たか》く評価《ひょうか》されています。

また、地域《ちいき》ごとに独自《どくじ》のスタイルが発展《はってん》しており、「ご当地《とうち》ラーメン」として観光《かんこう》客《きゃく》にも人気《にんき》です。

また、袋麺《ふくろめん》やカップ麺《めん》としてもたくさんの商品《しょうひん》が出《で》ているのもラーメンの特徴《とくちょう》のひとつです。携帯性《けいたいせい》や保存性《ほぞんせい》に優《すぐ》れて、安《やす》くて日常的《にちじょうてき》に手軽《てがる》に食《た》べることができます。

02 ラーメンはどのくらい食《た》べられているの？

全世界《ぜんせかい》で約《やく》1202億食《おくしょく》のインスタントラーメンが食《た》べられている

インスタントラーメンは全世界《ぜんせかい》で1202億食《おくしょく》

ラーメンは実際《じっさい》にどのくらい日本《にほん》で食《た》べられているのでしょうか？

総務省統計局《そうむしょうとうけいきょく》の「家計調査《かけいちょうさ》」という統計《とうけい》によると、ラーメン屋《や》などの外食《がいしょく》で、二人以上《ふたりいじょう》の世帯《せたい》で1年間《ねんかん》に一番多《いちばんおお》く食《た》べているのは、山形市《やまがたし》で1万《まん》7593円《えん》です。（一社《いちしゃ》）日本即席食品工業協会《にほんそくせきしょくひんこうぎょうきょうかい》の調《しら》べによると、インスタントラーメンの場合《ばあい》は、1年間《ねんかん》にカップ麺《めん》はなんと約《やく》37億《おく》7437万《まん》食《しょく》も作《つく》られています。

また、全世界《ぜんせかい》で1年間《ねんかん》に消費《しょうひ》されたインスタントラーメンの数《かず》は、1202億食《おくしょく》

日本《にほん》で一番多《いちばんおお》く食《た》べられているのは何市《なにし》？

ラーメン（中華《ちゅうか》そば） ※一世帯《ひとせたい》（二人以上《ふたりいじょう》）あたり

1位《い》	山形市《やまがたし》	1万《まん》7,593円《えん》
2位《い》	新潟市《にいがたし》	1万《まん》5,224円《えん》
3位《い》	仙台市《せんだいし》	1万《まん》3,074円《えん》
4位《い》	宇都宮市《うつのみやし》	1万《まん》2,035円《えん》
5位《い》	富山市《とやまし》	1万《まん》2,017円《えん》

※総務省統計局《そうむしょうとうけいきょく》「家計調査《かけいちょうさ》」（2024年《ねん》）をもとに作成《さくせい》

インスタントラーメンはどのくらい作《つく》られているの？

日本《にほん》で1年間《ねんかん》に作《つく》られたインスタントラーメンの数《かず》

カップ麺《めん》

約《やく》37億《おく》7,437万食《まんしょく》

袋麺《ふくろめん》

約《やく》18億《おく》2,475万食《まんしょく》

生《なま》タイプ

約《やく》1億《おく》5,093万食《まんしょく》

※「(一社《いちしゃ》) 日本即《にほんそく》席食品工業協会調《せきしょくひんこうぎょうきょうかいしら》べ(2023年度《ねんど》データ)」から引用《いんよう》

全世界《ぜんせかい》で1年間《ねんかん》に消費《しょうひ》されたインスタントラーメンの数《かず》

約《やく》1202億食《おくしょく》

出典《しゅってん》：2023年世界総需要《ねんせかいそうじゅよう》　世界《せかい》ラーメン協会《きょうかい》（WINA）推定《すいてい》

といわれています（出典《しゅってん》：2023年世界《ねんせかい》総需要《そうじゅよう》　世界《せかい》ラーメン協会《きょうかい》（WINA）推《すい》定《てい》）。

03

ラーメンの起源《きげん》や歴史《れきし》は？

中国《ちゅうごく》から日本《にほん》にもたらされ独自《どくじ》の発展《はってん》を遂《と》げた

日本《にほん》の食文化《しょくぶんか》と融合《ゆうごう》し庶民的《しょみんてき》な食《た》べ物《もの》になった

今《いま》や日本《にほん》の国民食《こくみんしょく》ともいえるラーメンですが、その誕生《たんじょう》から現在《げんざい》にいたるまでの歴史《れきし》には、興味深《きょうみぶか》いエピソードが盛《も》りだくさんです。ラーメンの起源《きげん》は、中国《ちゅうごく》にあります。15世紀頃《せいきごろ》に中国《ちゅうごく》の移民《いみん》が日本《にほん》に麺料理《めんりょうり》をもたらしたことが、ラーメンのはじまりといわれています。中国《ちゅうごく》では「拉麺《ラーミエン》」と呼《よ》ばれ、手《て》で伸《の》ばした小麦《こむぎ》の麺《めん》を使用《しよう》し、鶏《とり》や豚《ぶた》をベースにしたスープと合《あ》わせた料理《りょうり》でした。

江戸時代《えどじだい》には、「南京《なんきん》そば」や「支那《しな》そば」と呼《よ》ばれる麺料理《めんりょうり》が広《ひろ》まりました。これら

15世紀頃《せいきごろ》

中国《ちゅうごく》から日本《にほん》に ラーメンがもたらされた

15世紀頃《せいきころ》に中国《ちゅうごく》の移民《いみん》が日本《にほん》にもたらした麺料理《めんりょうり》が起源《きげん》といわれています。この料理《りょうり》が日本《にほん》に伝《つた》わったあと、日本人《にほんじん》の好《この》みに合《あ》わせてアレンジされていったのです。

江戸時代《えどじだい》

麺料理《めんりょうり》が江戸時代《えどじだい》に流行《はや》り、水戸黄門《みとこうもん》も食《た》べたといわれる

江戸時代《えどじだい》には、「南京《なんきん》そば」や「支那《しな》そば」と呼《よ》ばれる麺料理《めんりょうり》が日本《にほん》で広《ひろ》まりました。「水戸黄門《みとこうもん》」で有名《ゆうめい》な、徳《とく》川光圀公《がわみつくにこう》も食《た》べたといわれています。

1910年《ねん》～

中華料理店《ちゅうかりょうりてん》「来々軒《らいらいけん》」が開業《かいぎょう》

東京浅草《とうきょうあさくさ》で日本人《にほんじん》向《む》けの中華料理店《ちゅうかりょうりてん》の草分けとして知られる「来々軒《らいらいけん》」では、まだラーメンではなく「南京《なんきん》そば」や「支那《しな》そば」と呼《よ》ばれていましたが、大変《たいへん》な人気《にんき》を博《はく》しました。

大正《たいしょう》3年頃《ねんごろ》の来々軒《らいらいけん》
(画像提供《がぞうていきょう》:新横浜《しんよこはま》ラーメン博物館《はくぶつかん》)。

新横浜《しんよこはま》ラーメン博物館内《はくぶつかんない》に展示《てんじ》されている、実際《じっさい》に使用《しよう》されていた屋台《やたい》(画像提供《がぞうていきょう》:新横浜《しんよこはま》ラーメン博物館《はくぶつかん》)。

1923年《ねん》～

関東大震災以降《かんとうだいしんさいいこう》
屋台《やたい》が増《ふ》える

1923年《ねん》に起《お》きた関東大震災後《かんとうだいしんさいご》、安《やす》くて早《はや》く提供《ていきょう》できるラーメンが労働者《ろうどうしゃ》の間《あいだ》で人気《にんき》を集《あつ》め、屋台《やたい》で提供《ていきょう》されるようになりました。

は中国《ちゅうごく》から伝《つた》わった麺料理《めんりょうり》が、日本《にほん》の食文《しょくぶん》化《か》と融合《ゆうごう》し、醤油《しょうゆ》や味噌《みそ》など日本独自《にほんどくじ》の調《ちょう》味料《みりょう》を使《つか》ったスープと組《く》み合《あ》わせられるようになったのです。19世紀後半《せいきこうはん》には、横浜《よこはま》の中華街《ちゅうかがい》でラーメンの原形《げんけい》と呼《よ》べるものが提供《ていきょう》されるようになりました。

日本《にほん》で最初《さいしょ》のラーメン店《てん》は、1910年《ねん》に東京浅草《とうきょうあさくさ》で開業《かいぎょう》した「来々軒《らいらいけん》」と一説《いっせつ》ではいわれており、大変《たいへん》な人気《にんき》を博《はく》しました。この成功《せいこう》を受けて、ラーメンは庶民的《しょみんてき》な食《た》べ物《もの》として定着《ていちゃく》していきました。

1923年《ねん》に関東大震災《かんとうだいしんさい》が起《お》こると、その復興《ふっこう》とともに、屋台《やたい》で安《やす》くて早《はや》く提供《ていきょう》できるラーメンは労働者《ろうどうしゃ》の間《あいだ》で人気《にんき》を集《あつ》めました。これが現在《げんざい》のラーメン文化《ぶんか》のはじまりといえるでしょう。

04

ラーメン屋《や》ってどんなところ？

お店《みせ》ごとの工夫《くふう》や接客《せっきゃく》の仕方《しかた》、個性的《こせいてき》なラーメンが魅力《みりょく》

カウンター越《ご》しに提供《ていきょう》されることも。そのお店独自《みせどくじ》の接客《せっきゃく》が楽《たの》しめるのも、ラーメン屋《や》の魅力《みりょく》のひとつ。

ラーメンという食文化《しょくぶんか》を体験《たいけん》できる

ラーメン屋《や》に入《はい》った瞬間《しゅんかん》、香《こう》ばしいスープの香《かお》り、湯気《ゆげ》が立《た》ち上《のぼ》る厨房《ちゅうぼう》、そして元《げん》気《き》な「いらっしゃいませ！」の声《こえ》。それはまるで、ラーメンという食文化《しょくぶんか》の世界《せかい》に誘《いざな》われる入《い》り口《ぐち》といえるでしょう。

ラーメン屋《や》は、日本全国《にほんぜんこく》に数多《かずおお》く存在《そんざい》し、それぞれの店《みせ》が個性的《こせいてき》なラーメンを提供《ていきょう》しています。札幌《さっぽろ》の味噌《みそ》ラーメン、博多《はかた》の豚《とん》骨《こつ》ラーメン、そして東京《とうきょう》の醤油《しょうゆ》ラーメンなど、地域《ちいき》ごとの特色《とくしょく》が詰《つ》まった一杯《いっぱい》は、まさに「ご当地《とうち》グルメ」です。ある中学生《ちゅうがくせい》は、初《はじ》めて博多《はかた》のラーメンを食《た》べたとき、その

券売機《けんばいき》で食券《しょっけん》を購入《こうにゅう》する

店員《てんいん》に直接注文《ちょくせつちゅうもん》するお店《みせ》もありますが、入店《にゅうてん》して席《せき》に座《すわ》る前《まえ》に、券売機《けんばいき》で食券《しょっけん》を購入《こうにゅう》する店《みせ》が多《おお》いです。最近《さいきん》では、席《せき》に置《お》かれたタブレットから注文《ちゅうもん》する店《みせ》も増《ふ》えています。

カウンター越《ご》しに店員《てんいん》が作《つく》っているのが見《み》られる

カウンター席《せき》の向《む》かいが厨房《ちゅうぼう》になっている造《つく》りの店《みせ》が多《おお》いので、目《め》の前《まえ》でラーメンを作《つく》っているところを見《み》られるのは、ラーメン屋《や》ならではといえます。

ラーメン以外《いがい》にも餃子《ぎょうざ》やチャーハンなども注文《ちゅうもん》できる

ラーメンだけでなく、餃子《ぎょうざ》やチャーハン、ライスなどのサイドメニューもあります。店《みせ》によって玉子《たまご》やチャーシューなど、さまざまなトッピングも追加《ついか》で注文《ちゅうもん》できます。

濃厚《のうこう》なスーノと細麺《ほそめん》のハーモニーに驚《おどろ》いたそうです。フーメン屋《や》は、そんな驚《おどろ》きや発見《はっけん》を提供《ていきょう》してくれる場所《ばしょ》でもあります。

ラーメン屋《や》の店主《てんしゅ》は、ただの料理人《りょうりにん》ではありません。彼《かれ》らは、お客《きゃく》さんに最高《さいこう》の一杯《いっぱい》を提供《ていきょう》するため、スープや麺《めん》の研究《けんきゅう》を重《かさ》ね、試行錯誤《しこうさくご》を繰《く》り返《かえ》す職人《しょくにん》でもあります。例《たと》えば、ある店主《てんしゅ》は、毎朝《まいあさ》4時《じ》に起《お》きてスープの仕込《しこ》みを始《はじ》めます。その日《ひ》の気温《きおん》や湿度《しつど》に合《あ》わせて、微妙《びみょう》に調整《ちょうせい》を加《くわ》えながら、自分《じぶん》だけの味《あじ》を追求《ついきゅう》しているのです。

また、接客《せっきゃく》にもこだわりがあります。お客《きゃく》さん一人《ひとり》ひとりに「また来《き》たい」と思《おも》ってもらえるよう、笑顔《えがお》で接《せっ》し、店内《てんない》に工夫《くふう》を凝《こ》らし、温《あたた》かい雰囲気《ふんいき》を作《つく》り出《だ》しています。

05

ラーメンに使《つか》われる材料《ざいりょう》は？

主《おも》に麺《めん》、出汁《だし》、タレ、油脂《ゆし》、トッピングなどが使《つか》われる

ほかの麺類《めんるい》とは違《ちが》う ラーメンの最《もっと》も基本的《きほんてき》な材料《ざいりょう》

ラーメンにはさまざまな種類《しゅるい》があり、各《かく》ラーメン店《てん》が創意工夫《そういくふう》をしながら、日々《ひび》おいしいラーメンを作《つく》っています。

味《あじ》も違《ちが》えば、使《つか》われている具材《ぐざい》も異《こと》なります。「絶対《ぜったい》にこれを使《つか》わなければならない」というものはありませんが、ラーメンの基本《きほん》として大《おお》きく次《つぎ》の材料《ざいりょう》があげられます。

それは「麺《めん》」「出汁《だし》」「タレ」「油脂《ゆし》」「トッピング（具材《ぐざい》）」です。ラーメン以外《いがい》にも麺類《めんるい》はたくさんありますが、これらが使《つか》われている料理《りょうり》は、一度《いちど》は誰《だれ》でも食《た》べたことがあるラーメンだとわかるでしょう。

どんな材料《ざいりょう》があるの？

①麺《めん》

小麦粉《こむぎこ》、かんすい、水《みず》などから作《つく》られる麺《めん》は、ラーメン独特《どくとく》の食感《しょっかん》があります。細麺《ほそめん》や太《ふと》麺《めん》、また、まっすぐなストレート麺《めん》や、縮《ちぢ》れたちぢれ麺《めん》など、スープや具材《ぐざい》などに合《あ》わせて麺《めん》の種類《しゅるい》も変《か》わります。

②出汁《だし》

スープを作《つく》るときの基本《きほん》となる材料《ざいりょう》です。豚骨《とんこつ》や鶏《とり》ガラなどの動物系《どうぶつけい》や、魚介系《ぎょかいけい》などがあります。

③タレ

タレには、醤油《しょうゆ》、味噌《みそ》、塩《しお》などがあります。それぞれが異《こと》なる風味《ふうみ》を加《くわ》えて、ラーメンの味《あじ》を大《おお》きく左右《さゆう》します。

④油脂《ゆし》

隠《かく》し味《あじ》として、ラーメンには欠《か》かせない存在《そんざい》です。ス　プの味《あじ》わいを一段《いちだん》と引《ひ》き立《た》てる役割《やくわり》があります。

⑤トッピング(具材《ぐざい》)

定番《ていばん》のチャーシューやメンマ、玉子《たまご》をはじめ、さまざまな具材《ぐざい》があります。具材《ぐざい》によってラーメンは見《み》た目《め》も味《あじ》も変《か》わります。

06

麺《めん》の原料《げんりょう》や種類《しゅるい》は？

一般的《いっぱんてき》に小麦粉《こむぎこ》、かんすい、水《みず》などから麺《めん》が作《つく》られている

小麦粉《こむぎこ》、かんすい、水《みず》などを均一《きんいつ》に混《ま》ぜたら、麺《めん》を帯状《おびじょう》にまとめ、ローラーで生地《きじ》の厚《あつ》さを調整《ちょうせい》したあと、生地《きじ》を切《き》り出《だ》して麺《めん》にします。

加水率《かすいりつ》や形状《けいじょう》などによって食感《しょっかん》や味《あじ》わいも変化《へんか》する

ラーメンの味《あじ》を決《き》めるのは、スープだけではありません。麺《めん》もまたラーメンの味《あじ》を大《おお》きく左右《さゆう》する重要《じゅうよう》な要素《ようそ》です。ラーメンの麺《めん》は小麦粉《こむぎこ》、かんすい、水《みず》などから作《つく》られるのが一般的《いっぱんてき》です。この組《く》み合《あ》わせによって、麺《めん》の食感《しょっかん》や味《あじ》が決《き》まります。

例《たと》えば、「加水率《かすいりつ》」と呼《よ》ばれる小麦粉《こむぎこ》に対《たい》する水《みず》の量《りょう》は、麺《めん》の硬《かた》さややわらかさを左右《さゆう》します。加水率《かすいりつ》が高《たか》いと水《みず》が多《おお》いのでやわらかく、低《ひく》いと硬《かた》い麺《めん》になります。

さらに、麺《めん》の形状《けいじょう》も味《あじ》わいに影響《えいきょう》します。ストレート麺《めん》はスープを絡《から》めずにのどごし

ストレート麺《めん》・ちぢれ麺《めん》の違《ちが》いは?

ストレート麺《めん》は博多《はかた》ラーメンや横浜家系《よこはまいえけい》、つけ麺《めん》などに多《おお》いです。ちぢれ麺《めん》は札幌《さっぽろ》ラーメンや喜多方《きたかた》ラーメンなどに多《おお》く使《つか》われ、コシが強《つよ》く、その形状《けいじょう》からスレトート麺《めん》よりも食感《しょっかん》が楽《たの》しめます。

ストレート麺《めん》

ちぢれ麺《めん》

加水率《かすいりつ》とは?

小麦粉《こむぎこ》にどのくらい水分《すいぶん》を加《くわ》えるか、その比率《ひりつ》のことを加水率《かすいりつ》といいます。加水率《かすいりつ》が高《たか》いと、つるっとしてのどごしがよくなり、水分《すいぶん》を吸《す》わないので、伸《の》びにくくなります。低《ひく》いとコシと香《かお》りが強《つよ》く風味豊《ふうみゆた》かですが、伸《の》びやすくざらついた食感《しょっかん》になります。

を楽《たの》しめます。

一方《いっぽう》、ちぢれ麺《めん》はスープがよく絡《から》むため、濃厚《のうこう》な味《あじ》わいに感《かん》じます。こうした違《ちが》いは、ラーメンのバリエーションを豊《ゆた》かにし、食《た》べる人《ひと》にさまざまな楽《たの》しみを提供《ていきょう》しているのです。

ラーメン店《てん》で使《つか》われる麺《めん》は、大《おお》きく分《わ》けて仕入《しい》れ麺《めん》と自家製麺《じかせいめん》に分《わ》かれます。こだわりの店《みせ》では、自家製麺《じかせいめん》を採用《さいよう》していることが多《おお》く、製麺機《せいめんき》を使《つか》って毎朝作《まいあさつく》り上《あ》げることで、麺《めん》の質《しつ》を常《つね》に高《たか》いレベルで保《たも》っています。

一方《いっぽう》、製麺所《せいめんじょ》から仕入《しい》れる麺《めん》には、安定《あんてい》した品質《ひんしつ》や独自《どくじ》の風味《ふうみ》を提供《ていきょう》できる利点《りてん》があります。

ラーメンの味《あじ》は、スープと麺《めん》のバランスが何《なに》より大切《たいせつ》です。麺《めん》の種類《しゅるい》や加水率《かすいりつ》、仕《し》入《い》れか自家製《じかせい》か。すべてが一杯《いっぱい》のラーメンに込《こ》められた職人《しょくにん》のこだわりを反映《はんえい》しています。

07

スープは何《なに》で作《つく》られているの？

出汁《だし》でタレを割《わ》ることで作《つく》られ、スープによってラーメンや店《みせ》の個性《こせい》が決《き》まることもある

スープの要素《ようそ》　出汁《だし》 ＋ タレ

タレの材料《ざいりょう》は？

醤油《しょうゆ》ダレの場合《ばあい》は、醤油《しょうゆ》のほかに砂糖《さとう》、料理酒《りょうりしゅ》、みりん、生姜《しょうが》、にんにくなどが使《つか》われます。

店《みせ》によっては「秘伝《ひでん》のタレ」もあるほど大切《たいせつ》な要素《ようそ》

醤油《しょうゆ》にするか味噌《みそ》にするか、それとも豚骨《とんこつ》にするか……。スープによって、ラーメンの方向性《ほうこうせい》は大《おお》きく変《か》わります。それほど、ラーメンにとってスープの味《あじ》は大切《たいせつ》な要素《ようそ》です。

スープは出汁《だし》でタレを割《わ》ることによって作《つく》られます。

出汁《だし》には豚骨《とんこつ》、鶏《とり》ガラ、魚介系《ぎょかいけい》などがあり、それぞれの店《みせ》が独自《どくじ》の工夫《くふう》を凝《こ》らしています。

ある店《みせ》は、豚骨《とんこつ》を長時間《ちょうじかん》煮込《にこ》むことで、白濁《はくだく》した濃厚《のうこう》なスープを作《つく》り出《だ》しています。

出汁《だし》

出汁《だし》には豚骨《とんこつ》や鶏《とり》ガラなどの動物系《どうぶつけい》、鰹《かつお》節《ぶし》や煮干《にぼ》しなどの魚介系《ぎょかいけい》、また昆布《こんぶ》やしいたけなどが使《つか》われます。豚骨《とんこつ》は、ゲンコツ(ひざの関節部分《かんせつぶぶん》)などさまざまな部位《ぶい》が使《つか》われます。

鶏《とり》ガラスープ

鰹節《かつおぶし》・煮干《にぼ》し・昆布《こんぶ》

ゲンコツ

うま味調味料《みちょうみりょう》

出汁《だし》にうま味調味料《みちょうみりょう》が加《くわ》えられることもあります。主《おも》にグルタミン酸《さん》ナトリウムという成分《せいぶん》が含《ふく》まれています。

豚骨《とんこつ》から引《ひ》き出《だ》されるうま味《み》がスープに溶《と》け込《こ》み、独特《どくとく》のコクと深《ふか》みを与《あた》えています。一方《いっぽう》、魚介系《ぎょかいけい》の出汁《だし》を使《つか》う店《みせ》は、鰹節《かつおぶし》や煮干《にぼ》しを用《もち》いて、さっぱりとした風味豊《ふうみゆた》かなスープを提供《ていきょう》しています。こうした出汁《だし》の選《えら》び方《かた》が、その店《みせ》の個性《こせい》を決定《けってい》づける大《たい》切《せつ》な要素《ようそ》になるのです。

出汁《だし》に加《くわ》えて、「タレ」もラーメンの味《あじ》を大《おお》きく左右《さゆう》する重要《じゅうよう》な要素《ようそ》です。タレには、醤油《しょうゆ》、味噌《みそ》、塩《しお》などがあり、それぞれが異《こと》なる風味《ふうみ》を加《くわ》えます。

店《みせ》によっては、特製《とくせい》の醤油《しょうゆ》ダレを使《つか》っていて、そのレシピは店《みせ》の秘伝《ひでん》になることも。醤油《しょうゆ》のうま味《み》と香《かお》りが、スープ全体《ぜんたい》にバランスよく行《い》き渡《わた》り、一口《ひとくち》飲《の》むごとに違《ちが》った味《あじ》わいが楽《たの》しめるようになっています。

そして、うま味調味料《みちょうみりょう》もスープの味《あじ》を引《ひ》き立《た》てるために重要《じゅうよう》な要素《ようそ》です。これを加《くわ》えることで、出汁《だし》やタレの味《あじ》わいが一層深《いっそうふか》まり、ラーメンの魅力《みりょく》がさらに増《ま》すことがあります。

08

油脂《ゆし》とはどんなもの？

ラード、香味油《こうみあぶら》、鶏油《ちーゆ》などが使《つか》われ
ラーメンの香《かお》りやコクを増《ま》す

スープの種類《しゅるい》に合《あ》わせて組《く》み合《あ》わせる油《あぶら》も変《か》わる

ラーメンのスープを口《くち》に運《はこ》んだ瞬間《しゅんかん》、ふわっと広《ひろ》がる香《かお》りとコク。実《じつ》はそのおいしさのカギを握《にぎ》るのが「油脂《ゆし》」です。油脂《ゆし》は「隠《かく》し味《あじ》」としてラーメンに欠《か》かせない存在《そんざい》で、スープの味《あじ》わいを一段《いちだん》と引《ひ》き立《た》てる役割《やくわり》があります。

まずは、スープの定番《ていばん》ともいえる「ラード」について。豚《ぶた》の脂肪《しぼう》から作《つく》られるラードは、濃厚《のうこう》なラーメンに使用《しよう》されることが多《おお》いです。スープにまろやかなコクを与《あた》え、深《ふか》い味《あじ》わいを作《つく》り出《だ》します。

例《たと》えば、豚骨《とんこつ》ラーメンでは、ラードがス

ラード・背脂《せあぶら》

豚《ぶた》の脂《あぶら》から精製《せいせい》した調理用油《ちょうりようあぶら》です。揚《あ》げ物料理《ものりょうり》や炒《いた》め物料理《ものりょうり》に用《もち》いられることもあります。ラードの一種《いっしゅ》である背脂《せあぶら》もラーメンでよく使《つか》われています。濃厚《のうこう》な味《あじ》わいを加《くわ》えるだけでなく、表面《ひょうめん》を背脂《せあぶら》の膜《まく》で覆《おお》うことで、スープを冷《さ》めにくくする効果《こうか》もあります。

香味油《こうみあぶら》

香味油《こうみあぶら》は、ラーメンの香《かお》りを豊《ゆた》かにしてくれます。ネギやたまねぎ、生姜《しょうが》、ニンニクなどの香味野菜《こうみやさい》を刻《きざ》んで、油《あぶら》で炒《いた》めて作《つく》ります。また、香味野菜《こうみやさい》には肉《にく》や魚《さかな》などの生《なま》臭《ぐさ》さを消《け》す役割《やくわり》もあります。

ニンニク

生姜《しょうが》

たまねぎ

鶏油《ちーゆ》

鶏《とり》の脂《あぶら》から作《つく》られる油《あぶら》です。香《こう》ばしい鶏《とり》の風味《ふうみ》が特徴《とくちょう》で、スープに深《ふか》みが出《で》ます。

ープの脂《あぶら》と混《よ》ざり合《あ》い、口当《くちあ》たりがより滑《なめ》らかになります。スープにこだわりがある店《みせ》であるほどラードの使《つか》い方《かた》を工夫《くふう》し、スープの味《あじ》を日々《ひび》微調整《びちょうせい》しています。「ラーメンのおいしさは、ラードの使《つか》い方《かた》ひとつで変《か》わる」といわれるほどです。

次《つぎ》に、「香味油《こうみあぶら》」です。香味油《こうみあぶら》は、たまねぎや生姜《しょうが》、ニンニクなどの香味野菜《こうみやさい》を油《あぶら》で炒《いた》めて作《つく》るもので、ラーメンに豊《ゆた》かな香《かお》りを添《そ》えます。香味油《こうみあぶら》を加《くわ》えることで、スープに深《ふか》みが増《ま》し、食欲《しょくよく》をそそる香《かお》りが漂《ただよ》います。

「鶏油《ちーゆ》」は鶏《とり》の脂《あぶら》から作《つく》られ、あっさりしたラーメンに使《つか》われることが多《おお》いです。鶏《ちー》油《ゆ》はスープに優《やさ》しい甘《あま》みを加《くわ》え、全体《ぜんたい》のバランスを整《ととの》える役割《やくわり》を果《は》たします。

例《たと》えば、鶏《とり》ガラベースのスープに鶏油《ちーゆ》を合《あ》わせると、鶏《とり》のうま味《み》が一層《いっそう》引《ひ》き立《た》ちます。

09

ラーメンにはどんなトッピングがあるの？

定番《ていばん》のナルトやチャーシューなど、ラーメンならではのトッピングがたくさん

見《み》た目《め》も味《あじ》も変《か》わる個性《こせい》を決《き》める大切《たいせつ》な要素《ようそ》

ラーメンは麺《めん》とスープだけで構成《こうせい》されているわけではありません。トッピング（具《ぐ》材《ざい》）が加《くわ》わることで、見《み》た目《め》も味《あじ》も何倍《なんばい》にも広《ひろ》がり、一気《いっき》にバリエーションが増《ふ》えます。トッピングは、ラーメンの個性《こせい》を決定《けってい》づける大切《たいせつ》な要素《ようそ》といえます。

では、トッピングがどのようにラーメンに影響《えいきょう》を与《あた》えるのか一緒《いっしょ》に見《み》ていきましょう。

まず、チャーシューは、ラーメンのトッピングのなかでも特《とく》に人気《にんき》があります。ジューシーで柔《やわ》らかいチャーシューはスープ

主《おも》なトッピングの種類《しゅるい》は？

煮玉子《にたまご》

チャーシュー

紅生姜《べにしょうが》

海苔《のり》

メンマ

もやし

コーン

ナルト

ネギ

きくらげ

白髪《しらが》ネギ

にうま味《み》をプラスし、食《た》べごたえもあります。

人《ひと》によっては「チャーシューがないとラーメンを食《た》べた気《き》がしない」という人《ひと》すらいます。その言葉通《ことばどお》り、チャーシューはラーメンの顔《かお》ともいえる存在《そんざい》です。

もう一《ひと》つの定番《ていばん》トッピングが煮玉子《にたまご》です。半熟《はんじゅく》の煮玉子《にたまご》は、黄身《きみ》のとろける食感《しょっかん》がスープと相《あい》まって、まろやかな味《あじ》わいを生《う》み出《だ》します。煮玉子《にたまご》があることで、ラーメンは一層奥深《いっそうおくふか》い味《あじ》になります。

次《つぎ》は海苔《のり》について。スープに浸《ひた》すとやわらかくなり、海苔《のり》の香《かお》りがラーメン全体《ぜんたい》に磯《いそ》の爽《さわ》やかさを加《くわ》えます。

ネギはシャキシャキとした食感《しょっかん》とともに、ラーメンの味《あじ》にアクセントをつける役割《やくわり》を果《は》たします。ネギを加《くわ》えることで、油《あぶら》っぽいスープでもさっぱりとした後味《あとあじ》を楽《たの》しめるのです。

10

ラーメン屋《や》には何《なん》で調《ちょう》味《み》料《りょう》があるの？

自分《じぶん》で味《あじ》を変《か》えたいときに好《この》みの調《ちょう》味《み》料《りょう》を使《つか》う

お店《みせ》の卓上《たくじょう》にある調《ちょう》味《み》料《りょう》を見《み》てみよう

無料《むりょう》だからといって使《つか》いすぎには注意《ちゅうい》しよう

ラーメンを食《た》べるとき、卓上《たくじょう》の目《め》の前《まえ》に並《なら》ぶ調味料《ちょうみりょう》に目《め》が行《い》くことがあります。これらの調味料《ちょうみりょう》は、ラーメンの味《あじ》をさらに引《ひ》き立《た》てるための秘密兵器《ひみつへいき》です。

なかには、「この調味料《ちょうみりょう》、本当《ほんとう》に必要《ひつよう》？」と思《おも》うこともあるかもしれませんが、実《じつ》はラーメンを楽《たの》しむためには欠《か》かせない存在《そんざい》なのです。調味料《ちょうみりょう》を使《つか》って、自分《じぶん》で味《あじ》を変《か》えることを「味変《あじへん》」ということもあります。

ラーメンに欠《か》かせない調味料《ちょうみりょう》のひとつが胡椒《こしょう》です。胡椒《こしょう》は、ラーメンのスープにピリッとした刺激《しげき》を加《くわ》え、味《あじ》を引《ひ》き締《し》める役《やく》

胡椒《こしょう》

胡椒《こしょう》は黒胡椒《くろこしょう》(ブラックペッパー)と白胡椒《しろこしょう》(ホワイトペッパー)が代表的《だいひょうてき》です。どちらももともとは同《おな》じ植物《しょくぶつ》の実《み》ですが、皮《かわ》をつけたまま乾燥《かんそう》させて作《つく》るか、皮《かわ》を除《のぞ》いて核《かく》の部分《ぶぶん》だけを乾燥《かんそう》させたかによって違《ちが》います。黒胡椒《くろこしょう》は刺激的《しげきてき》な風味《ふうみ》があり、白胡椒《しろこしょう》はマイルドな香《かお》りです。

ニンニク

あらかじめすりおろされたニンニクが用意《ようい》されている場合《ばあい》もありますが、ニンニククラッシャーと呼《よ》ばれる、ニンニクを細《こま》かくつぶすための器具《きぐ》が置《お》いてある店《みせ》もあります。

豆板醤《とうばんじゃん》

豆板醤《とうばんじゃん》は赤唐辛子《あかとうがらし》やそら豆《まめ》、塩《しお》、こうじなどを加《くわ》えて発酵《はっこう》させて作《つく》る中国《ちゅうごく》・四川地方《しせんちほう》発祥《はっしょう》の唐辛子味噌《とうがらしみそ》です。家系《いえけい》ラーメンの店《みせ》などに置《お》いてあることが多《おお》いです。ピリッとした辛味《からみ》が刺激《しげき》になり、食欲《しょくよく》が出《で》ます。

割《わり》を果《は》たします。特《とく》に、豚骨《とんこつ》や醤油《しょうゆ》ベースのラーメンには相性抜群《あいしょうばつぐん》です。もしも、スープが少《すこ》し物足《ものた》りないと感《かん》じたときや、食《た》べ進《すす》めるうち、味《あじ》に少《すこ》し変化《へんか》がほしいときは胡椒《こしょう》を少《すこ》しかけてみるといいでしょう。

胡椒以外《こしょういがい》にも、ラーメンを引《ひ》き立《た》てる調味料《ちょうみりょう》はたくさんあります。例《たと》えば、酢《す》はスープにさっぱりとした酸味《さんみ》を加《くわ》え、こってりとした味《あじ》わいを引《ひ》き締《し》めます。

また、ニンニクや豆板醤《とうばんじゃん》は、ラーメンに力強《ちからづよ》さやパンチを加《くわ》え、食欲《しょくよく》をかき立《た》てます。ニンニクには、アリシンという強《つよ》い殺《さっ》菌作用《きんさよう》を持《も》つ成分《せいぶん》があり、疲労回復効果《ひろうかいふくこうか》が期待《きたい》できますが、一度《いちど》にたくさん食《た》べると、下痢《げり》や腹痛《ふくつう》になる可能性《かのうせい》があるので注意《ちゅうい》しましょう。

また、調味料《ちょうみりょう》を必要以上《ひつようじょう》に使用《しよう》したり撒《ま》き散《ち》らしたりするなど、迷惑行為《めいわくこうい》が社会《しゃかい》問題化《もんだいか》しています。無駄遣《むだづか》いや衛生的《えいせいてき》でない使《つか》い方《かた》をしないように注意《ちゅうい》しましょう。

11 ラーメンの食器《しょっき》の特徴《とくちょう》

中国風《ちゅうごくふう》の紋様《もんよう》のある丼《どんぶり》やレンゲなど独自《どくじ》の進化《しんか》を遂《と》げている

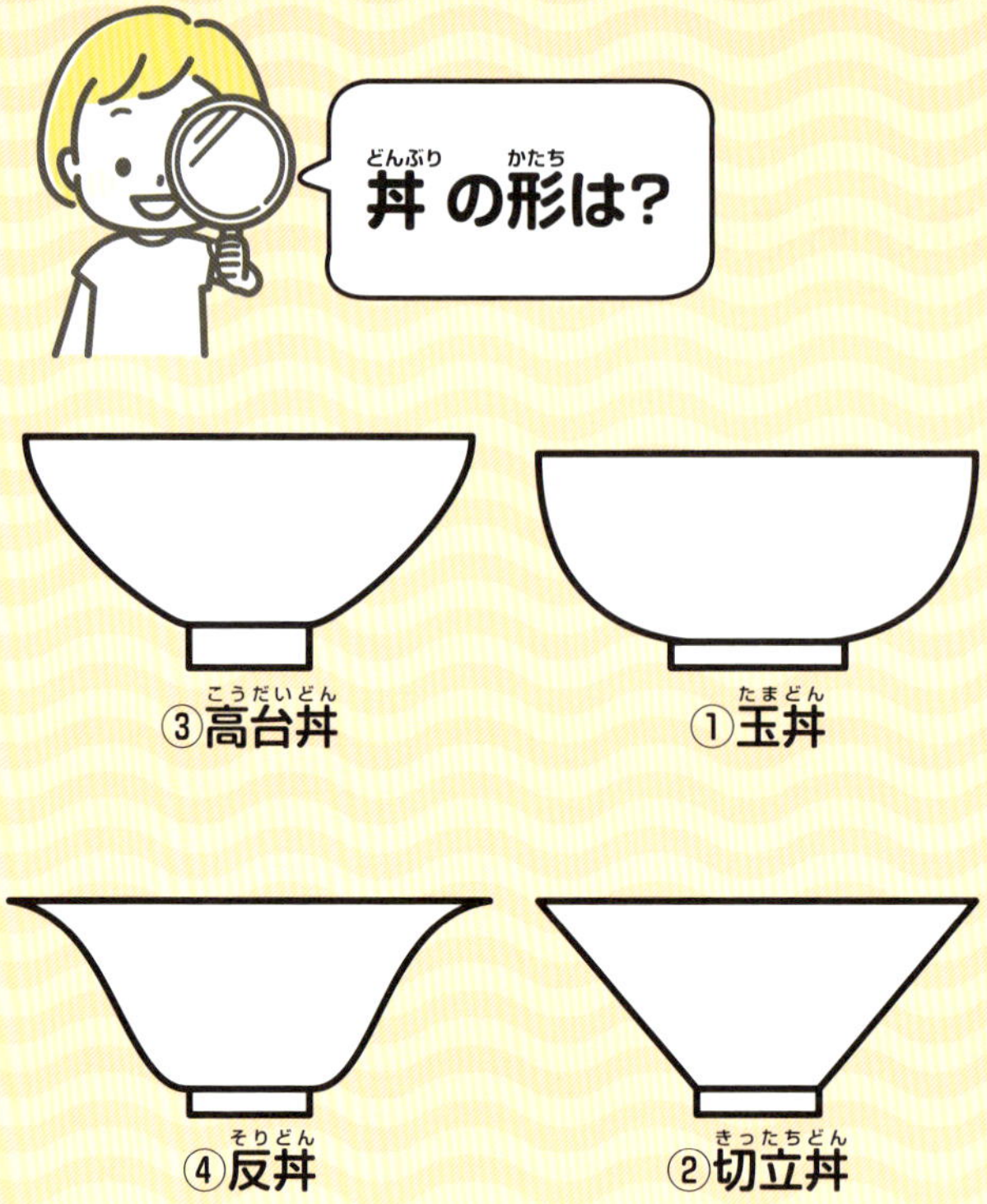

ラーメンを食《た》べるときは食器《しょっき》にも注目《ちゅうもく》してみよう

ラーメン丼《どんぶり》には、よく渦巻《うずま》き模様《もよう》が描《えが》かれています。これは「雷紋《らいもん》」と呼《よ》ばれ、魔除《まよ》けの意味《いみ》があります。中国《ちゅうごく》から伝《つた》わったこの紋様《もんよう》は、ラーメンの起源《きげん》を感《かん》じさせてくれます。

ほかにも「喜《き》」の文字《もじ》を2つ並《なら》べた「双《そう》喜紋《きもん》」や、龍《りゅう》、鳳凰《ほうおう》の絵《え》なども見《み》かけます。これらには幸運《こううん》や繁栄《はんえい》を願《ねが》う意味《いみ》が込《こ》められているのです。

丼《どんぶり》の形《かたち》もさまざまで、器《うつわ》の縁《ふち》が太《ふと》く丸《まる》くなっている玉丼《たまどん》や、器《うつわ》の側面《そくめん》がまっすぐな切立丼《きったちどん》、脚《あし》の部分《ぶぶん》が高《たか》い高台丼《こうだいどん》、器《うつわ》の側《そく》

紋様《もんよう》にはどんな意味《いみ》があるの？

雷紋《らいもん》

四角《しかく》い渦巻《うずまき》が2つ結《むす》ばれている紋様《もんよう》です。雷《かみなり》を表《あらわ》しています。雷《かみなり》の力《ちから》で魔除《まよ》けをする意味《いみ》があります。

双喜紋《そうきもん》

「喜《き》」が2つ並《なら》ぶこの紋様《もんよう》は、お祝《いわ》いごとを表《あらわ》しています。

龍《りゅう》・鳳凰《ほうおう》

伝説上《でんせつじょう》の生物《せいぶつ》である龍《りゅう》は恵《めぐ》みの雨《あめ》をもたらすことを意味《いみ》します。鳳《ほう》凰《おう》も吉兆《きっちょう》（めでたいことのしるし）を表《あらわ》すといわれています。

面《めん》が反《そ》っている反丼《そりどん》など、スープの量《りょう》や具《ぐ》材《ざい》に合《あ》わせて選《えら》ばれています。

また、ラーメンには欠《か》かせないレンゲにも深《ふか》い意味《いみ》があります。実《じつ》は、これは日本《にほん》独自《どくじ》の進化《しんか》を遂《と》げた食器《しょっき》です。中国《ちゅうごく》では箸《はし》だけで食《た》べるのが一般的《いっぱんてき》ですが、日本人《にほんじん》の「スープをすすりたい」という思《おも》いからレンゲは生《う》まれました。

レンゲの形《かたち》も、スープをすくいやすいように工夫《くふう》されています。

ラーメンの食器《しょっき》は、見《み》た目《め》の美《うつく》しさだけでなく、機能性《きのうせい》も兼《か》ね備《そな》えています。次《つぎ》にラーメンを食べるとき、ぜひ食器《しょっき》にも注目《ちゅうもく》してみてください。新《あたら》しい発見《はっけん》があるはずです。ラーメンの奥深《おくぶか》さを、食器《しょっき》を通《とお》して感《かん》じてみるのも面白《おもしろ》いかもしれません。

12

代表的《だいひょうてき》なラーメンの種類《しゅるい》は？

醤油《しょうゆ》、味噌《みそ》、塩《しお》、豚骨《とんこつ》の4種類《しゅるい》がポピュラーな味《あじ》

①醤油《しょうゆ》ラーメン

　ラーメンにはさまざまな種類《しゅるい》があり、それぞれに独特《どくとく》の魅力《みりょく》があります。ここでは、代表的《だいひょうてき》なラーメンの種類《しゅるい》について、解説《かいせつ》していきます。

　まず醤油《しょうゆ》ラーメンは、ラーメンのなかでも、最《もっと》もポピュラーな存在《そんざい》です。醤油《しょうゆ》をベースにしたスープは、日本人《にほんじん》にとってなじみ深《ぶか》い味《あじ》わいで、さっぱりとした風味《ふうみ》が特徴《とくちょう》です。　シンプルながらも奥深《おくぶか》い味《あじ》わいが、幅広《はばひろ》い世代《せだい》に愛《あい》され続《つづ》けている理由《りゆう》でしょう。

②味噌《みそ》ラーメン

　味噌《みそ》ラーメンは、北海道《ほっかいどう》・札幌《さっぽろ》を中心《ちゅうしん》に広《ひろ》まったラーメンです。味噌《みそ》をベースにしたスープは、コクがあり、寒《さむ》い冬《ふゆ》の日《ひ》にぴったりの濃厚《のうこう》な味《あじ》わいが楽《たの》しめます。味噌《みそ》ラーメンの誕生《たんじょう》には、「味《あじ》の三平《さんぺい》」の店主《てんしゅ》が味噌汁《みそしる》をヒントに考案《こうあん》したといわれています。
　その結果《けっか》、寒冷地《かんれいち》である北海道《ほっかいどう》で多《おお》くの人々《ひとびと》に支持《しじ》される一杯《いっぱい》が誕生《たんじょう》したのです。

③塩《しお》ラーメン

塩《しお》ラーメンは、塩《しお》ダレをベースにしたスープで、さっぱりとした味《あじ》わいが特徴《とくちょう》です。素《そ》材《ざい》の味《あじ》がしっかり感《かん》じられます。

塩《しお》ラーメンというと、透明感《とうめいかん》のあるスープ（清湯《ちんたん》）のイメージもありますが、不《ふ》透明《とうめい》でこってりしたスープ（白湯《ぱいたん》）の塩《しお》ラーメンもあります。

④豚骨《とんこつ》ラーメン

九州《きゅうしゅう》地方《ちほう》で特《とく》に人気《にんき》のあるラーメンです。豚骨《とんこつ》ラーメンはストレートな細《ほそ》い麺《めん》と、豚骨《とんこつ》を長時間《ちょうじかん》煮込《にこ》んで作《つく》られる豚骨《とんこつ》スープが特徴《とくちょう》です。さらに、豚骨《とんこつ》ラーメンならではの「替《かえ》玉《だま》」の文化《ぶんか》も魅力《みりょく》のひとつ。替玉《かえだま》とは、食《た》べ終《お》わったあとに追加《ついか》で麺《めん》だけを注文《ちゅうもん》することです。細《ほそ》い麺《めん》はすぐに伸《の》びてしまうので、最後《さいご》までおいしく食《た》べられるように大盛《おおも》りにする代《か》わりに、替玉《かえだま》というシステムが登場《とうじょう》したといわれています。今《いま》では豚骨《とんこつ》ラーメン店《てん》以外《いがい》でも替玉《かえだま》がメニューにあることもあります。

13

汁《しる》のないラーメンもあるの？

汁《しる》がない油《あぶら》そばやまぜそば、別添《べつぞ》えのスープにつけて食《た》べるつけ麺《めん》がある

①油《あぶら》そば・まぜそば

ラーメンといえば、熱々《あつあつ》のスープに浸《つ》かった麺《めん》を思《おも》い浮《う》かべる方《かた》が多《おお》いでしょう。しかし、ラーメンの世界《せかい》にはスープを使《つか》わない汁《しる》なしラーメンや、別《べつ》の器《うつわ》にスープを分《わ》けるつけ麺《めん》という独自《どくじ》のスタイルも存在《そんざい》します。新《あたら》しい食文化《しょくぶんか》として多《おお》くの人々《ひとびと》を魅了《みりょう》し、人気《にんき》を集《あつ》めています。

汁《しる》なしラーメンは、スープを使用《しよう》せず、麺《めん》にタレや油《あぶら》を絡《から》めて食《た》べるスタイルで、特《とく》に油《あぶら》そばやまぜそばとして知《し》られています。油《あぶら》そばは、麺《めん》にごま油《あぶら》や醤油《しょうゆ》ベースのタレを絡《から》め、トッピングとしてチャーシューやネギ、温泉玉子《おんせんたまご》などを加《くわ》えるのが一般的《いっぱんてき》です。このスタイルは、自分《じぶん》でカスタマイズしながら食《た》べる楽《たの》しさがあります。

②つけ麺《めん》

つけ麺《めん》は、麺《めん》とスープを別々《べつべつ》に提供《ていきょう》し、麺《めん》をスープに浸《ひた》して食《た》べます。つけ麺《めん》のスープは、通常《つうじょう》のラーメンよりも濃厚《のうこう》で、麺《めん》は冷水《れいすい》で締《し》められているため、しっかりとしたコシがあります。また、温《あたた》かい麺《めん》（あつもり）で食《た》べたり、冷《つめ》たい麺《めん》を冷《つめ》たい汁《しる》に浸《ひた》して食《た》べるつけ麺《めん》もあります。

つけ麺《めん》は「東池袋大勝軒《ひがしいけぶくろたいしょうけん》」の初代店主《しょだいてんしゅ》である山岸《やまぎし》一雄《かずお》氏《し》によって、「特製《とくせい》もりそば」という名《な》前《まえ》で考案《こうあん》されました。ラーメンとは異《こと》なる食感《しょっかん》と味《あじ》わいを楽《たの》しめるため、多《おお》くのラーメン愛好者《あいこうしゃ》に受《う》け入《い》れられ、独自《どくじ》の人気《にんき》を誇《ほこ》っています。

14

ラーメン以《い》外《がい》の料《りょう》理《り》は？

定番《ていばん》のチャーハンや餃子《ぎょうざ》のほか、トッピングや替玉《かえだま》もある

トッピング

煮玉子《にたまご》やチャーシュー、もやしなど、特《とく》定《てい》のトッピングだけ追《つい》加《か》して注文《ちゅうもん》できる店《みせ》もあります。

半《はん》チャンラーメンなどのお得《とく》なセットメニューもある

ラーメン店《てん》に入ると、香《こう》ばしい餃子《ぎょうざ》の匂《にお》いが漂《ただよ》ってきます。メニューを見《み》ると、ラーメン以外《いがい》にもチャーハンや餃子《ぎょうざ》などがずらり。なぜラーメン店《てん》でこれらの料理《りょうり》が提《てい》供《きょう》されているのでしょうか？ いくつかその理由《りゆう》が考《かんが》えられます。

チャーハンや餃子《ぎょうざ》はラーメンとの相性《あいしょう》が抜群《ばつぐん》です。塩分《えんぶん》が強《つよ》く汁気《しるけ》の多《おお》いラーメンを食《た》べたあと、チャーハンや餃子《ぎょうざ》を口《くち》にすると、味《あじ》のバランスが取《と》れて満足度《まんぞくど》が高《たか》まります。

また、これらの料理《りょうり》は調理時間《ちょうりじかん》が短《みじか》く、

セットメニュー

単品《たんぴん》で注文《ちゅうもん》できるだけでなく、ラーメンとチャーハンや餃子《ぎょうざ》などを注文《ちゅうもん》できる、セットメニューも定番《ていばん》です。ラーメンとチャーハンの両方《りょうほう》を食《た》べたいとき、安《やす》くてお腹《なか》も満足《まんぞく》したいという人《ひと》のために、ラーメンと少量《しょうりょう》のチャーハンがセットになった「半《はん》チャンラーメン」もあります。

替玉《かえだま》

博多《はかた》ラーメンは、ストレートの細麺《ほそめん》が特徴《とくちょう》です。伸《の》びやすいので大盛《おおも》りがありません。その代《か》わりに、麺《めん》を食《た》べ終《お》えたら、麺《めん》だけを追加《ついか》して注文《ちゅうもん》する「替玉《かえだま》」があります。

ラーメンと同時《どうじ》に提供《ていきょう》しやすいという利点《りてん》もあります。お客《きゃく》さんの待《ま》ち時間《じかん》を短縮《たんしゅく》しつつ、多様《たよう》な味《あじ》を楽《たの》しんでもらえるのです。実《じつ》は、ラーメン店《てん》で提供《ていきょう》されるチャーハンや餃子《ぎょうざ》は、日本人《にほんじん》の味覚《みかく》に合《あ》わせてアレンジされた「中華料理《ちゅうかりょうり》」です。

例《たと》えば、日本《にほん》の焼《や》き餃子《ぎょうざ》は中国《ちゅうごく》では珍《めずら》しく、水餃子《すいぎょうざ》が一般的《いっぱんてき》。また、チャーハンとラーメンのセットも日本独自《にほんどくじ》の組《く》み合《あ》わせです。これらの料理《りょうり》は、日本人《にほんじん》の好《この》みに合《あ》わせて進化《しんか》し、ラーメン店《てん》の定番《ていばん》メニューとして定着《ていちゃく》していったのです。ラーメン店《てん》のチャーハンや餃子《ぎょうざ》は、単《たん》なる脇役《わきやく》ではありません。ラーメンとの相性《あいしょう》を考《かんが》え抜《ぬ》かれ、日本人《にほんじん》の味覚《みかく》に合《あ》わせて進化《しんか》した、れっきとした主役級《しゅやくきゅう》の料理《りょうり》といえるでしょう。

そのほか、店《みせ》によっては煮玉子《にたまご》やもやしなど、トッピングを追加《ついか》で購入《こうにゅう》できます。

15

ラーメン以外《いがい》の麺類《めんるい》は？

日本《にほん》で人気《にんき》の麺類《めんるい》は そばやうどん、そうめん、パスタ

①そば　そばの例《れい》

・天《てん》ぷらそば・とろろそば・山菜《さんさい》そば・かけそば

・もりそば　など

②うどん

うどんの例《れい》

・かけうどん
・きつねうどん
・天《てん》ぷらうどん
・カレーうどん
・ざるうどん
・ぶっかけうどん
・釜揚《かまあ》げうどん　など

日本人《にほんじん》の食文化《しょくぶんか》に欠《か》かせない麺料理《めんりょうり》

　ラーメン以外《いがい》にも、日本《にほん》で身近《みぢか》な麺類《めんるい》といえば、そばやうどん、そうめん、パスタなどがあげられます。

　そばは、そばの実《み》を使《つか》ったそば粉《こ》で作《つく》られている麺類《めんるい》です。香《かお》りが豊《ゆた》かで独特《どくとく》な風《ふう》味《み》を持《も》ちます。温《あたた》かいつゆで食《た》べる場合《ばあい》は、天《てん》ぷらや山菜《さんさい》、とろろなどをのせたメニューがあります。夏《なつ》の暑《あつ》い時期《じき》は、冷《つめ》たくしたそばをざるに盛《も》り、つゆにつけて食《た》べるざるそばも人気《にんき》です。

　また、大晦日《おおみそか》の12月《がつ》31日《にち》には、年越《としこ》しそばを食《た》べることが慣習《かんしゅう》となっています。

③そうめん

そうめんの例《れい》

- 冷《ひ》やしそうめん
- にゅうめん

④パスタ

パスタの例《れい》

- ミートソース
- ナポリタン
- カルボナーラ
- ペペロンチーノ　など

うどんは小麦粉《こむぎこ》で作《つく》る太《ふと》くてやわらかい麺《めん》です。うどんの麺《めん》はコシが強《つよ》くのどごしがなめらかです。つゆと麺《めん》だけのシンプルなかけうどんや、油揚《あぶらあ》げをのせたきつねうどん、カレー風味《ふうみ》のつゆで食《た》べるカレーうどんなどさまざまなメニューがあります。また、ご当地《とうち》うどんとして、讃岐《さぬき》うどんや稲庭《いなにわ》うどんなどが有名《ゆうめい》です。

そうめんはうどんと同《おな》じ小麦粉《こむぎこ》で作《つく》られます。違《ちが》いは麺《めん》の太さで、直径《ちょっけい》1.3mm未満《みまん》をそうめん、1.7mm以上《いじょう》はうどんになります。主《おも》に夏《なつ》に冷《ひ》やしそうめんとして食《た》べることが多《おお》いですが、寒《さむ》い季節《きせつ》には温《あたた》かい「にゅうめん」も人気《にんき》です。

パスタはイタリアの代表的《だいひょうてき》な麺料理《めんりょうり》で、スパゲッティやマカロニなどの総称《そうしょう》です。デュラムセモリナというパスタ用《よう》のデュラム小麦《こむぎ》を粗挽《あらび》きしたものを使用《しよう》します。ミートソースやカルボナーラ、ペペロンチーノなど、ソースや具材《ぐざい》によってさまざまな種類《しゅるい》があります。

16 ラーメンはどうやって作《つく》られているの？

開店前《かいてんまえ》からスープやトッピングの仕込《しこ》みが行《おこな》われる
注文《ちゅうもん》が入《はい》ると、一杯《いっぱい》ずつ心《こころ》を込《こ》めて作《つく》られる

開店前《かいてんまえ》の仕込《しこ》みは？

スープを作《つく》る

ベースとなるスープとタレを作《つく》ります。鶏《とり》ガラや豚骨《とんこつ》などの材料《ざいりょう》を寸胴鍋《ずんどうなべ》という大《おお》きな鍋《なべ》で、数時間《すうじかん》煮込《にこ》みます。この工程《こうてい》で、骨《ほね》や肉《にく》からうま味《み》がじっくりと引《ひ》き出《だ》されます。ニンニク、生姜《しょうが》などの野菜《やさい》を加《くわ》えます。さらに昆布《こんぶ》や鰹節《かつおぶし》も投入《とうにゅう》し、スープに深《ふか》みを与《あた》えます。この段階《だんかい》でスープは一層《いっそう》複雑《ふくざつ》な香《かお》りをかもし出《だ》します。スープの味《あじ》を見《み》ながら、味噌《みそ》や醤油《しょうゆ》、塩《しお》などのタレを別途準備《べっとじゅんび》します。

麺《めん》・トッピングの準備《じゅんび》

自家製麺《じかせいめん》の場合《ばあい》は、小麦粉《こむぎこ》と水《みず》、かんすいを混《ま》ぜ合《あ》わせて作《つく》ります。これにより、独自《どくじ》のコシと風味《ふうみ》を持《も》つ麺《めん》が生《う》まれます。一方《いっぽう》、製麺所《せいめんじょ》からの麺《めん》は、安定《あんてい》した品質《ひんしつ》と多様《たよう》な種類《しゅるい》が魅力《みりょく》です。トッピングや具材《ぐざい》の準備《じゅんび》もします。

目《め》でも楽《たの》しめるように盛《も》り付《つ》けにこだわる店《みせ》も

ラーメンの作《つく》り方《かた》は、店《みせ》によって異《こと》なります。基本的《きほんてき》な流《なが》れを一例《いちれい》としてご紹介《しょうかい》します。

ラーメンの味《あじ》の決《き》め手《て》は、何《なん》といってもスープです。ある店《みせ》では、毎朝早《まいあさはや》くからスープの仕込《しこ》みをはじめます。鶏《とり》ガラや豚骨《とんこつ》、野菜《やさい》を大《おお》きな鍋《なべ》でじっくりと煮込《にこ》み、ベースとなるスープを作《つく》ります。タレも作《つく》ります。スープが完成《かんせい》するまでには数時間《すうじかん》かかりますが、おいしいラーメンには欠《か》かせません。

また、チャーシューや玉子《たまご》、メンマ、野《や》

注文《ちゅうもん》が入《はい》ったら作《つく》りはじめる

ゆでる

注文《ちゅうもん》が入《はい》ったら、麺《めん》をゆではじめます。麺《めん》の種類《しゅるい》に応《おう》じてゆで時間《じかん》を細《こま》かく調整《ちょうせい》します。細麺《ほそめん》は短時間《たんじかん》でゆで上《あ》げ、歯《は》ごたえのある食感《しょっかん》を残《のこ》します。中太麺《ちゅうぶとめん》は少《すこ》し長《なが》めにゆでて、もちもちとした食感《しょっかん》にします。ゆで上《あ》がった麺《めん》は、すばやく湯切《ゆき》りを行《おこな》い、余分《よぶん》な水分《すいぶん》をしっかりと切《き》ります。この湯切《ゆき》りが不十分《ふじゅうぶん》だと、スープの味《あじ》が薄《うす》まってしまいます。

盛《も》り付《つ》ける

一般的《いっぱんてき》なラーメン店《てん》では、盛《も》り付《つ》けの前《まえ》に、丼《どんぶり》に熱湯《ねっとう》を入《い》れて温《あたた》めることからはじめます。これにより、スープが冷《さ》めにくくなり、お客《きゃく》さんが最後《さいご》までおいしく食《た》べられるのです。次《つぎ》にタレとスープを入《い》れ、ゆで上《あ》がった麺《めん》を加《くわ》えます。その上《うえ》に、ラーメンの種類《しゅるい》に応《おう》じたトッピングなどを盛《も》り付《つ》けたら、完成《かんせい》です。

菜《さい》などトッピングや具材《ぐざい》の準備《じゅんび》もします。麺《めん》は製麺所《せいめんしょ》から仕入《しい》れている店《みせ》が多《おお》いですが、自家製麺《じかせいめん》の場合《ばあい》は、店《みせ》で作《つく》ることになります。

開店時間《かいてんじかん》になり、お客《きゃく》さんから注文《ちゅうもん》が入《はい》ったら、ラーメンを作《つく》りはじめます。

まず、麺《めん》をゆでます。麺《めん》の硬《かた》さを選《えら》べる店《みせ》では、お客《きゃく》さんの要望《ようぼう》によってゆで加減《かげん》が変《か》わります。麺《めん》がゆで上《あ》がると、すばやくスープと一緒《いっしょ》に丼《どんぶり》に入《い》れます。

チャーシューやメンマなどのトッピングを盛《も》り付《つ》けます。味《あじ》だけでなく見《み》た目《め》も考《こう》慮《りょ》して配置《はいち》されます。「ラーメンは目《め》でも楽《たの》しむもの」です。美《うつく》しい盛《も》り付《つ》けや個性《こせい》的《てき》な盛《も》り付《つ》けがされた一杯《いっぱい》は、芸術作品《げいじゅつさくひん》といえるかもしれません。

ラーメン作《づく》りは、店主《てんしゅ》の個性《こせい》が光《ひか》る職人《しょくにん》技《わざ》です。一杯一杯《いっぱいいっぱい》に心《こころ》を込《こ》めて作《つく》られるラーメンは、多《おお》くの人々《ひとびと》を魅了《みりょう》します。

17 ラーメン屋《や》でのマナーは？

ほかのお客《きゃく》さんの迷惑《めいわく》にならないように 静《しず》かに並《なら》んで順番《じゅんばん》を待《ま》とう

順番《じゅんばん》を守《まも》って静《しず》かに並《なら》ぶ

行列《ぎょうれつ》ができているときは、順番《じゅんばん》を守《まも》って静《しず》かに並《なら》びましょう。店内《てんない》に入《はい》っても、待《ま》つ場所《ばしょ》など店員《てんいん》さんの指示《しじ》に従《したが》って、自分《じぶん》の番《ばん》が来《く》るまで待《ま》つようにしましょう。

麺《めん》をすすりながら食《た》べるのはマナー違反《いはん》ではない

ラーメンを店《みせ》で食《た》べるときは、エチケットやマナーを守《まも》って気持《きも》ちよく食《た》べましょう。

ラーメンは麺《めん》をすすりながら音《おと》を立《た》てて食《た》べるのが一般的《いっぱんてき》です。外国《がいこく》では、麺類《めんるい》は音《おと》を立《た》てて食《た》べるのがマナー違反《いはん》という国《くに》もあります。

しかし、日本《にほん》では、音《おと》を立《た》てることはマナー違反《いはん》ではなく、むしろスープの香《かお》りを楽《たの》しむための方法《ほうほう》です。

もちろん、まわりの人《ひと》が不快《ふかい》になるほど大《おお》きな音《おと》を出《だ》すのは迷惑《めいわく》になるのでやめま

ながら食《た》べはしない

ラーメンは時間《じかん》が経《た》つと麺《めん》が伸《の》びてしまいます。スマートフォンでアプリや動画《どうが》を見《み》ながら食《た》べていると、そちらに夢中《むちゅう》になって食《た》べるのが遅《おそ》くなってしまいます。店内《てんない》が混《こ》んでいるときは、次《つぎ》のお客《きゃく》さんのためにも配慮《はいりょ》しましょう。

「いただきます」「ごちそうさま」と感謝《かんしゃ》の気持《きも》ちで食《た》べよう

ラーメンに限《かぎ》ったことではありませんが、料理《りょうり》の食材《しょくざい》である自然《しぜん》の恵《めぐ》みへの感謝《かんしゃ》や、作《つく》ってくれた人《ひと》への感謝《かんしゃ》の気持《きも》ちを込《こ》めて、「いただきます」「ごちそうさま」と言《い》いましょう。

しょう。常識的《じょうしきてき》な範囲《はんい》であれば、麺《めん》をすすることで、スープの香《かお》りが鼻《はな》に抜《ぬ》け、ラーメンの風味《ふうみ》をより深《ふか》く楽《たの》しむことができます。

ラーメンは、提供《ていきょう》されてから時間《じかん》が経《た》つと麺《めん》が伸《の》びてしまうため、早《はや》めに食《た》べることが推奨《すいしょう》されます。これにより、ラーメンのおいしさを最後《さいご》まで楽《たの》しむことができ、最大限《さいだいげん》に味《あじ》わうことができます。

また、ラーメン店《てん》は席数《せきすう》が限《かぎ》られていることが多《おお》いです。人気店《にんきてん》や有名店《ゆうめいてん》になると、店《みせ》の前《まえ》に行列《ぎょうれつ》ができていることがあります。道《みち》を歩《ある》く人《ひと》の邪魔《じゃま》にならないように、店《みせ》の指示《しじ》に従《したが》って静《しず》かに並《なら》んで待《ま》ちましょう。割《わ》り込《こ》みもルール違反《いはん》です。

店《みせ》が混《こ》んでいるときは、食《た》べ終《お》わったら長居《ながい》せずに席《せき》を譲《ゆず》るのがマナーです。特《とく》に混雑《こんざつ》している時間帯《じかんたい》には、次《つぎ》のお客《きゃく》さんのために配慮《はいりょ》しましょう。ラーメンを楽《たの》しむには、ちょっとした心遣《こころづか》いが大切《たいせつ》です。

18

海外《かいがい》に広《ひろ》がるラーメン

日本《にほん》のラーメン店《てん》が海外《かいがい》に出店《しゅってん》しラーメンブームの火付《ひつ》け役《やく》になった

海外《かいがい》でもラーメンは人気《にんき》なの?

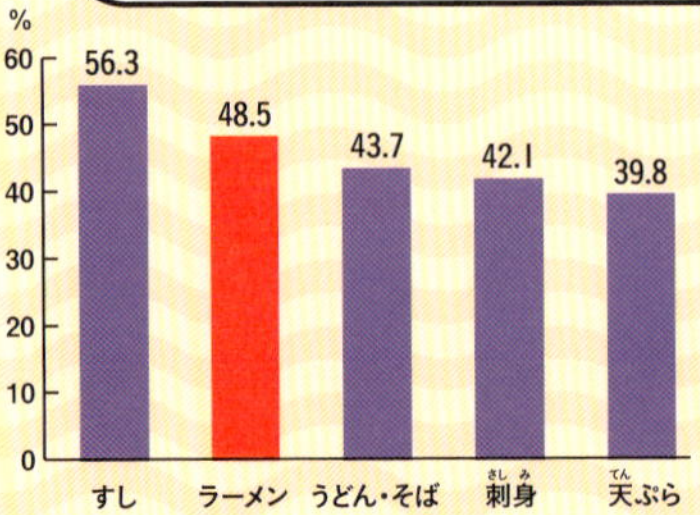

農林中央金庫《のうりんちゅうおうきんこ》が訪日外国人《ほうにちがいこくじん》に対《たい》して実施《じっし》した調査《ちょうさ》によると、「自国《じこく》で知《し》られている日本《にほん》の料理《りょうり》」の2位《い》がラーメンでした。うどんやそば、刺身《さしみ》、天《てん》ぷらよりも上位《じょうい》になっています。

※出所《しゅっしょ》：農林中央金庫《のうりんちゅうおうきんこ》（2023年《ねん》）

単《たん》なる料理《りょうり》というだけでなく、ラーメンを食《た》べるという体験《たいけん》を楽《たの》しむことも含《ふく》めて、日本《にほん》の食文化《しょくぶんか》として広《ひろ》がりつつあります。

インバウンドで訪《おとず》れる外国人観光客《がいこくじんかんこうきゃく》にも人気《にんき》

日本《にほん》のラーメン文化《ぶんか》は海外《かいがい》へと広《ひろ》がっています。例《たと》えば、熊本《くまもと》ラーメンの「味千《あじせん》ラーメン」は、90年代《ねんだい》から台湾《たいわん》をはじめ世界《せかい》各国《かっこく》に出店《しゅってん》。また、札幌《さっぽろ》ラーメン「えぞ菊《ぎく》」もハワイに出店《しゅってん》しています。また、2007年《ねん》、東京《とうきょう》の名店《めいてん》「せたが屋《や》」がニューヨークに進出《しんしゅつ》し、続《つづ》いて2008年《ねん》には「博多一風堂《はかたいっぷうどう》」がイーストヴィレッジにオープンしたことでニューヨークにおけるラーメンブームの火付《ひつ》け役《やく》となりました。

これらの店《みせ》は、日本《にほん》の伝統的《でんとうてき》な味《あじ》をそのまま提供《ていきょう》するだけでなく、アメリカの食文《しょくぶん》

インバウンドってなに?

訪日外国人数《ほうにちがいこくじんすう》

25,066,350人《にん》

※出所《しゅっしょ》：日本政府観光局《にほんせいふかんこうきょく》（JNTO）発表統計《はっぴょうとうけい》（2023年《ねん》）

インバウンドとは、外国人《がいこくじん》が訪《おとず》れてくる旅行《りょこう》のことをいいます。2023年《ねん》には、2,500万《まん》人以上《にんいじょう》の外国人《がいこくじん》が日本《にほん》へ来《き》ました。日本各地《にほんかくち》の観光名《かんこうめい》所《しょ》を訪《おとず》れたり、日本《にほん》の伝統的《でんとうてき》な文化《ぶんか》に触《ふ》れたりしました。

化《か》に合《あ》わせた新《あたら》しいメニューも開発《かいはつ》しています。

こういった試《こころ》みにより、ラーメンは単《たん》なる日本食《にほんしょく》ではなく、ニューヨークの食文化《しょくぶんか》の一部《いちぶ》として定着《ていちゃく》しつつあります。

また、ラーメンは日本《にほん》を訪《おとず》れる外国人観《がいこくじんかん》光客《こうきゃく》にも人気《にんき》です。特《とく》に博多《はかた》ラーメンのような「ご当地《とうち》ラーメン」が注目《ちゅうもく》を集《あつ》めています。外国人観光客《がいこくじんかんこうきゃく》にとって、ラーメンは単《たん》なる食事《しょくじ》以上《いじょう》の体験《たいけん》です。

例《たと》えば、「一蘭《いちらん》」のように独自《どくじ》のオーダーシステムを導入《どうにゅう》している店《みせ》では、食券購《しょっけんこう》入《にゅう》や「味集中《あじしゅうちゅう》カウンター」という仕切《しき》り壁《かべ》のあるカウンターでの食事《しょくじ》が新鮮《しんせん》な体験《たいけん》として評価《ひょうか》されています。

こうしたユニークなシステムは、SNSを通《つう》じて広《ひろ》まり、さらなる人気《にんき》を呼《よ》んでいるのです。

また、ラーメンツアーのような体験型《たいけんがた》イベントも人気《にんき》で、外国人観光客《がいこくじんかんこうきゃく》は複数《ふくすう》のラーメンを一度《いちど》に味《あじ》わえると、楽《たの》しんでいます。

19 世《せ》界《かい》にはどんな麺《めん》料《りょう》理《り》があるの？

日《に》本《ほん》の国《こく》民《みん》食《しょく》であるラーメンと同《どう》様《よう》に、世《せ》界《かい》中《じゅう》のさまざまな国《くに》に麺《めん》料《りょう》理《り》があります。そのなかから一《いち》部《ぶ》を紹《しょう》介《かい》します。

アジア

中《ちゅう》国《ごく》

刀《とう》削《しょう》麺《めん》

山《さん》西《せい》省《しょう》発《はっ》祥《しょう》の料《りょう》理《り》で、小《こ》麦《むぎ》粉《こ》の塊《かたまり》から専《せん》用《よう》の包《ぼう》丁《ちょう》を使《つか》って、麺《めん》を削《けず》り出《だ》して鍋《なべ》のなかに落《お》としてゆでて作《つく》ります。

牛《ぎゅう》肉《にく》麺《めん》

中《ちゅう》国《ごく》の蘭《らん》州《しゅう》では、宗《しゅう》教《きょう》的《てき》な理《り》由《ゆう》で豚《ぶた》を食《た》べないイスラムの人《ひと》々《びと》が多《おお》いです。そのため、豚《ぶた》が一《いっ》切《さい》使《つか》われず、牛《ぎゅう》肉《にく》が使《つか》われています。日《に》本《ほん》でも蘭《らん》州《しゅう》ラーメンとして人《にん》気《き》です。

台《たい》湾《わん》

ビーフン

米《こめ》粉《こ》で作《つく》った細《ほそ》めの麺《めん》を、豚《ぶた》肉《にく》や野《や》菜《さい》、干《ほ》ししいたけ、干《ほ》しえびなどと一《いっ》緒《しょ》に炒《いた》めたもの。日《に》本《ほん》でも焼《や》きビーフンとして人《にん》気《き》です。

ベトナム

フォー

米粉《こめこ》の麺《めん》と牛肉《ぎゅうにく》や鶏《とり》からとったスープに、牛肉《ぎゅうにく》や鶏肉《とりにく》をのせて香菜《シャンツァイ》をちらしたもの。日本《にほん》でも人気《にんき》で、パクチーが入《はい》っていることが多《おお》いです。

タイ

パッタイ

米粉《こめこ》で作《つく》った平打《ひらう》ち麺《めん》を使《つか》ったタイ風《ふう》焼《や》きそば。甘酸《あまず》っぱいソースが使《つか》われています。

インドネシア

ミーゴレン

小麦粉《こむぎこ》で作《つく》った麺《めん》をエビや野菜《やさい》と一緒《いっしょ》に炒《いた》め、ナンプラーやニンニクなどで味付《あじつ》けした焼《や》きそば風《ふう》の麺料理《めんりょうり》。インドネシアやマレーシアなどで食《た》べられています。

そのほかの地域《ちいき》

北《きた》アフリカ・ヨーロッパなど

クスクス

一見米粒《いっけんこめつぶ》のように見《み》えますが、直径《ちょっけい》1mmほどのパスタで世界《せかい》最小《さいしょう》の麺《めん》といわれています。ごはん代《が》わりにしたり、煮込《にこ》み料理《りょうり》やスープ、サラダなどさまざまなものに入《い》れて食《た》べられます。

エジプト

コシャリ

お米《こめ》やパスタにひよこ豆《まめ》やレンズ豆《まめ》を混《ま》ぜて、トマトソースをかけたものです。エジプトの国民食《こくみんしょく》ともいえる料理《りょうり》です。

ハワイ

サイミン

干《ほ》しえびや鶏骨《けいこつ》で取《と》ったスープに中華《ちゅうか》麺《めん》を加《くわ》えたもの。ハワイの伝統的《でんとうてき》な料《りょう》理《り》のひとつですが、日本《にほん》や中国《ちゅうごく》の移《い》民《みん》たちが作《つく》ったといわれています。

ドイツ

シュプフヌーデルン

ドイツの伝統的《でんとうてき》な家庭料理《かていりょうり》で、ジャガイモと小麦粉《こむぎこ》を練《ね》って作《つく》った麺《めん》を、ザワークラウトと炒《いた》めて作《つく》ります。

スペイン

フィデウア

短《みじか》いパスタをサフランで色《いろ》づけし、炒《いた》めた肉《にく》、野菜《やさい》、魚介《ぎょかい》などと炊《た》き込《こ》んだもの。米《こめ》を使《つか》ったパエリアの麺《めん》バージョンといえる料理《りょうり》です。

ギリシャ

ユベチ

肉《にく》や野菜《やさい》が入《はい》ったトマトソースを煮込《にこ》み、「クリサラキ」と呼《よ》ばれる米粒《こめつぶ》の形《かたち》のパスタを加《くわ》え、オーブンで焼《や》いた料理《りょうり》です。

ラーメンのうんちく 1

文豪《ぶんごう》が愛《あい》したラーメン!?

国《こく》語《ご》の教科書《きょうかしょ》に載《の》るような日本《にほん》を代表《だいひょう》する作家《さっか》たちのなかには、ラーメンが好《す》きな人《ひと》たちがたくさんいました。

例《たと》えば、数々《かずかず》の探偵小説《たんていしょうせつ》を書《か》いた推理作家《すいりさっか》・江戸川乱歩《えどがわらんぽ》は、作家《さっか》として売《う》れる前《まえ》に、さまざまな仕事《しごと》をしていましたが、そのひとつとしてラーメン屋台《やたい》の店主《てんしゅ》をしていたという逸話《いつわ》があります。

また、歌人《かじん》で劇作家《げきさっか》であった寺山修司《てらやましゅうじ》は、自身《じしん》の劇団《げきだん》がヨーロッパで公演《こうえん》した際《さい》、日本食《にほんしょく》が恋《こい》しくなりラーメンを作《つく》ろうとしました。

ところが、当時《とうじ》は中華麺《ちゅうかめん》が手《て》に入《い》れづらかったので、その代《か》わりに、パスタを使《つか》ったラーメンを作《つく》ったといいます。このラーメンは劇団員《げきだんいん》に好評《こうひょう》だったそうです。

作品《さくひん》のなかにラーメンが登場《とうじょう》するものもあります。作家《さっか》の内田百閒《うちだひゃっけん》が執筆《しっぴつ》した鉄道紀行文《てつどうきこうぶん》『阿房列車《あほうれっしゃ》』のなかには、青森《あおもり》の食堂《しょくどう》で支那蕎麦《しなそば》（ラーメン）を食《た》べる場面《ばめん》があります。当時《とうじ》はそばと区別《くべつ》して、支那蕎麦《しなそば》と呼《よ》ばれていたのがわかります。

ラーメンのうんちく 2

ラーメンを作《つく》る道《どう》具《ぐ》は？

プロのラーメン職人《しょくにん》がどのような道具《どうぐ》を使《つか》っているのか、その秘密《ひみつ》を探《さぐ》ってみましょう。

ラーメン店《てん》でスープ作《づく》りに欠《か》かせない道《どう》具《ぐ》として「寸胴鍋《ずんどうなべ》」があります。この大《おお》きな鍋《なべ》は、鶏《とり》ガラや豚骨《とんこつ》、野菜《やさい》をたっぷりと煮込《にこ》むのに最適《さいてき》です。寸胴鍋《ずんどうなべ》の厚《あつ》みと深《ふか》さが、スープに均一《きんいつ》な熱《ねつ》を伝《つた》え、うま味《み》を引《ひ》き出《だ》します。また、スープを煮込《にこ》む際《さい》には、「あくとり」を使《つか》ってあくを丁寧《ていねい》に取《と》り除《のぞ》きます。この作業《さぎょう》は、スープをクリアに保《たも》つために欠《か》かせません。寸胴鍋《ずんどうなべ》とあくとりのコンビネーションが、スープの味《あじ》を支《ささ》えています。

麺《めん》をゆでる際《さい》には、「麺《めん》ゆで釜《がま》」が活躍《かつやく》します。麺《めん》ゆで釜《がま》を使《つか》って麺《めん》を均一《きんいつ》にゆで上《あ》げることで、麺《めん》がからまることなく理想《りそう》的《てき》な食感《しょっかん》を実現《じつげん》できます。

さらに、ガスコンロは調理《ちょうり》全般《ぜんぱん》に欠《か》かせない設備《せつび》。スープの煮込《にこ》みや麺《めん》をゆでる際《さい》に必要《ひつよう》です。「製麺機《せいめんき》」は自家《じか》製麺《せいめん》を提供《ていきょう》する場合《ばあい》に欠《か》かせない道具《どうぐ》で、麺《めん》の品質《ひんしつ》を一定《いってい》に保《たも》ちます。これらの道具《どうぐ》が揃《そろ》ってこそおいしいラーメンができるのです。

ラーメンのうんちく 3

ラーメンの知識《ちしき》を試《ため》すことができる「日本《にほん》ラーメン検定《けんてい》」がある

日《に》本語《ほんご》漢字《かんじ》能力検定《のうりょくけんてい》（漢検《かんけん》）や、実用英語技能検定《じつようえいごぎのうけんてい》（英《えい》検《けん》）など、勉強《べんきょう》や教育《きょういく》に関《かん》する検定《けんてい》はたくさんありますが、ラーメンにも検定《けんてい》があります。

日本《にほん》ラーメンファンクラブが運営《うんえい》する「日本《にほん》ラーメン検定《けんてい》」といって、「日本各地《にほんかくち》のラーメンに関《かん》する情報《じょうほう》を正《ただ》しく楽《たの》しく知《し》ってもらい、次世《じせ》代《だい》にも継承《けいしょう》していきたい」「ラーメン特有《とくゆう》のマナーや楽《たの》しいラーメンのマメ知識《ちしき》を知《し》ってもらうことで、ラーメンファンを増《ふ》やしたい」という目的《もくてき》で作《つく》られました。

検定《けんてい》の種類《しゅるい》は難易度《なんいど》や地域《ちいき》によって複数《ふくすう》の検定《けんてい》から構成《こうせい》されています。初級《しょきゅう》のみ、無料《むりょう》で24時間《じかん》いつでもインターネットで受験《じゅけん》できます。

ラーメンが好《す》きな人《ひと》、ラーメン知《ち》識《しき》を確認《かくにん》したい人《ひと》は、ぜひ一度《いちど》受《う》けてみてはいかがでしょうか？

ラーメンのうんちく4

7月《がつ》11日《にち》は「ラーメンの日《ひ》」

日《に》本《ほん》には「海《うみ》の日《ひ》」（7月《がつ》第《だい》3月曜日《げつようび》）や「スポーツの日《ひ》」（10月《がつ》第《だい》2月曜《げつよう》日《び》）、「勤労感謝《きんろうかんしゃ》の日《ひ》」（11月《がつ》23日《にち》）など、さまざまな記念日《きねんび》があります。国《くに》が定《さだ》めた記念日《きねんび》のなかには国民《こくみん》の祝日《しゅくじつ》に定《さだ》められている日《ひ》もあり、なじみ深《ぶか》い日《ひ》も多《おお》いでしょう。

国《くに》が定《さだ》めた記念日《きねんび》以外《いがい》にもさまざまな記念日《きねんび》がありますが、ラーメンに関《かん》する記念日《きねんび》もあります。

7月《がつ》11日《にち》は「ラーメンの日《ひ》」として制定《せいてい》されています。一般社団法人《いっぱんしゃだんほうじん》日本《にほん》ラーメン協会《きょうかい》が制定《せいてい》したもので、ラーメン産業《さんぎょう》の振興《しんこう》・発展《はってん》とともに、日本独自《にほんどくじ》のラーメン文化《ぶんか》を支《ささ》えることを目的《もくてき》としています。

なぜ、7月《がつ》11日《にち》なのかというと、7をレンゲに、11を箸《はし》に見立《みた》てたこと、ラーメンを最初《さいしょ》に食《た》べた人物《じんぶつ》とされる水戸黄門《みとこうもん》（徳川光圀公《とくがわみつくにこう》）の誕生日《たんじょうび》が新暦《しんれき》の1628年《ねん》7月《がつ》11日《にち》であることから、この日になったそうです。

毎年《まいとし》、全国各地《ぜんこくかくち》で7月《がつ》11日《にち》当日《とうじつ》およびその前後《ぜんご》にさまざまなイベントやキャンペーンが行《おこな》われています。

コラム

世界《せかい》の麺《めん》のはじまりは？

　ラーメンは15世紀頃《せいきごろ》に中国《ちゅうごく》からもたらされたのが起《き》源《げん》だといわれていますが（18ページ参照《さんしょう》）、さらに起《き》源《げん》をたどっていくと、世界《せかい》の麺《めん》の歴史《れきし》へとつながっていきます。

　およそ1万年《まんねん》ほど前《まえ》、メソポタミア（現在《げんざい》のイラクのあたり）で、小麦《こむぎ》の栽培《さいばい》がはじまったといわれています。その小麦《こむぎ》から小麦粉《こむぎこ》を作《つく》る技術《ぎじゅつ》が発展《はってん》していき、およそ2600年《ねん》ほど前《まえ》に、ヨーロッパや中国《ちゅうごく》で麺作《めんづく》りが盛《さか》んになったといわれています。ヨーロッパではパスタなどに発展《はってん》し、中国《ちゅうごく》ではラーメンにつながる中華麺《ちゅうかめん》などになり、日本《にほん》へと伝《つた》わっていきます。

第《だい》2章《しょう》

インスタント
ラーメン
って何《なに》？

20

インスタントラーメンとは？

お湯《ゆ》を注《そそ》ぐだけですぐに食《た》べられる
手軽《てがる》でおいしいラーメン

どこで売《う》っているの？

スーパーやコンビニなどで販売《はんばい》されているインスタントラーメンは袋《ふくろ》麺《めん》やカップ麺《めん》などさまざまな種類《しゅるい》があります。

包装《ほうそう》や容器《ようき》によって分類《ぶんるい》できる

ラーメンといえば、ラーメン店《てん》で食《た》べられるものだけではありません。お湯《ゆ》を注《そそ》ぐだけで、手軽《てがる》に食《た》べられるインスタントラーメンも好《す》きという人《ひと》は、老若男女《ろうにゃくなんにょ》問《と》わず多《おお》いと思《おも》います。

インスタントラーメンが生《う》まれたのは1958年《ねん》（昭和《しょうわ》33年《ねん》）、戦後《せんご》のことでした。経済成長《けいざいせいちょう》を遂《と》げる日本人《にほんじん》の食生活《しょくせいかつ》を豊《ゆた》かにする画期的《かっきてき》な食品《しょくひん》で、次々《つぎつぎ》と新《あたら》しい商品《しょうひん》が登場《とうじょう》しました。ラーメンとついていますが、ラーメンだけでなく、うどんやそば、焼《や》きそばなどの麺類《めんるい》も含《ふく》めて、インスタントラ

インスタントラーメンの種類《しゅるい》は?

麺《めん》の種類《しゅるい》

中華麺《ちゅうかめん》

ラーメン

焼《や》きそば

和風麺《わふうめん》

うどん

そば

欧風麺《おうふうめん》

パスタ

包装《ほうそう》・容器《ようき》の種類《しゅるい》

袋麺《ふくろめん》

カップ麺《めん》

ーメンということもあります。麺《めん》の種類《しゅるい》によって、中華麺《ちゅうかめん》、和風麺《わふうめん》、欧風麺《おうふうめん》と分《わ》けることができます。

包装《ほうそう》・容器《ようき》によっても分類《ぶんるい》できます。袋《ふくろ》に麺《めん》と粉末《ふんまつ》スープが入《はい》った袋麺《ふくろめん》や、食器《しょっき》として使用《しよう》できる容器《ようき》のなかに麺《めん》と粉末《ふんまつ》スープとかやくが入《はい》っているカップ麺《めん》があります。

インスタントラーメンの最大《さいだい》の魅力《みりょく》は、その手軽《てがる》さと多様《たよう》な味《あじ》です。日本《にほん》だけでなく、各国《かっこく》の文化《ぶんか》に合《あ》わせたフレーバーが展《てん》開《かい》され、世界中《せかいじゅう》の人々《ひとびと》に愛《あい》されています。

栄養面《えいようめん》でも、最近《さいきん》は健康志向《けんこうしこう》に応《こた》えるために、低塩分《ていえんぶん》や糖質《とうしつ》オフの製品《せいひん》も多《おお》く登場《とうじょう》しています。これにより、インスタントラーメンはより多《おお》くの人々《ひとびと》にとって、日常《にちじょう》の食事《しょくじ》の選択肢《せんたくし》として受《う》け入《い》れられています。

インスタントラーメンは、忙《いそが》しい現代社《げんだいしゃ》会《かい》において欠《か》かせない存在《そんざい》となりました。手軽《てがる》さとおいしさを兼《か》ね備《そな》えたこの食品《しょくひん》は、今後《こんご》も進化《しんか》を続《つづ》けることでしょう。

21

インスタントラーメンはいつどこで生《う》まれたの？

1958年《ねん》に日清食品《にっしんしょくひん》の創業者《そうぎょうしゃ》・安藤百福氏《あんどうももふくし》が世界初《せかいはつ》のインスタントラーメンを発明《はつめい》した

夫人《ふじん》が揚《あ》げていた天《てん》ぷらをヒントに発明《はつめい》に成功《せいこう》

インスタントラーメンは、手軽《てがる》さとおいしさで世界中《せかいじゅう》の人々《ひとびと》に愛《あい》されています。その誕生《たんじょう》には、革新《かくしん》と努力《どりょく》の物語《ものがたり》が隠《かく》されていることを知《し》っていますか？　ここでは、インスタントラーメン誕生《たんじょう》の歴史《れきし》を見《み》ていきましょう。

インスタントラーメンの発明者《はつめいしゃ》、安藤百福氏《あんどうももふくし》は、戦後《せんご》の食糧難《しょくりょうなん》を背景《はいけい》に「お湯《ゆ》さえあれば家庭《かてい》ですぐに食《た》べられるラーメン」を作《つく》ることを目指《めざ》しました。彼《かれ》は自宅《じたく》の裏庭《うらにわ》に研究小屋《けんきゅうごや》を建《た》て、早朝《そうちょう》から夜中《よなか》まで、試行錯誤《しこうさくご》を繰《く》り返《かえ》しました。

誰《だれ》が最初《さいしょ》に作《つく》ったの？

1958年《ねん》（昭和《しょうわ》33年《ねん》）に発売《はつばい》された日清食品《にっしんしょくひん》「チキンラーメン」。

1971年《ねん》（昭和《しょうわ》46年《ねん》）に発売《はつばい》された日清食品《にっしんしょくひん》「カップヌードル」。

インスタントラーメンを発明《はつめい》した安藤百福氏《あんどうももふくし》。

インスタントラーメンの主《おも》な歴史《れきし》

1958年《ねん》	日清食品《にっしんしょくひん》が「チキンラーメン」を発売《はつばい》。これが世界初《せかいはつ》のインスタントラーメンである。創業者《そうぎょうしゃ》・安藤百福氏《あんどうももふくし》が発明《はつめい》した「瞬間油熱乾燥法《しゅんかんゆねつかんそうほう》」を用《もち》いて製造《せいぞう》された
1963年《ねん》	日清食品《にっしんしょくひん》「日清焼《にっしんやき》そば」、東洋水産《とうようすいさん》「マルちゃんのたぬきそば」、エースコック「ワンタンメン」を発売《はつばい》
1966年《ねん》	サンヨー食品《しょくひん》「サッポロ一番《いちばん》」が発売《はつばい》され、インスタントラーメンの高品質化《こうひんしつか》が進《すす》む
1971年《ねん》	日清食品《にっしんしょくひん》が「カップヌードル」を発売《はつばい》。カップがパッケージ、調理器《ちょうりき》、食器《しょっき》の3つの役割《やくわり》を果《は》たす画期的《かっきてき》な製品《せいひん》
1975年《ねん》	まるか食品《しょくひん》「ペヤングソースやきそば」を発売《はつばい》
1981年《ねん》	明星食品《みょうじょうしょくひん》が「中華三昧《ちゅうかざんまい》」を発売《はつばい》。高《こう》価格麺《かかくめん》ブームが起《お》きる
1993年《ねん》	栄養成分《えいようせいぶん》の表示《ひょうじ》を開始《かいし》
1995年《ねん》	日付表示《ひづけひょうじ》を賞味期限《しょうみきげん》（品質保持期限《ひんしつほじきげん》）に移行《いこう》
2018年《ねん》	インスタントラーメン誕生《たんじょう》60周年《しゅうねん》を迎《むか》え、第《だい》9回《かい》世界《せかい》ラーメンサミットが大阪《おおさか》で開催《かいさい》される

「カップヌードルミュージアム」内《ない》に再現《さいげん》された「百福《ももふく》の研究小屋《けんきゅうごや》」。

最大《さいだい》の難関《なんかん》は、麺《めん》を長《なが》いあいだ保存《ほぞん》するために乾燥《かんそう》し、さらにお湯《ゆ》をかければすぐに食《た》べられるようにする方法《ほうほう》を見《み》つけ出《だ》すことでした。ある日《ひ》、夫人《ふじん》が天《てん》ぷらを揚《あ》げているのを見《み》た安藤氏《あんどうし》は、麺《めん》を高温《こうおん》の油《あぶら》のなかに入《い》れてみました。すると水分《すいぶん》が抜《ぬ》けて麺《めん》が乾燥《かんそう》し、お湯《ゆ》をかけると水分《すいぶん》が抜《ぬ》けた穴《あな》から吸収《きゅうしゅう》され、やわらかい麺《めん》に戻《もど》ったのです。こうして世界初《せかいはつ》のインスタントラーメン「チキンラーメン」が誕生《たんじょう》しました。

1958年《ねん》（昭和《しょうわ》33年《ねん》）8月《がつ》25日《にち》、日清《にっしん》食品《しょくひん》から発売《はつばい》されたこの商品《しょうひん》は、発売当初《はつばいとうしょ》は1食《しょく》35円《えん》という高価《こうか》なものでしたが、その手軽《てがる》さとおいしさから大《だい》ヒットし、問屋《とんや》のトラックが工場前《こうじょうまえ》に列《れつ》をなすほどの人気《にんき》を博《はく》しました。

さらに、1971年《ねん》には「カップヌードル」が登場《とうじょう》し、カップにお湯《ゆ》を注《そそ》げばそのまま食《た》べられる手軽《てがる》さが人気《にんき》に。この革新《かくしん》により、インスタントラーメンは日本国内《にほんこくない》のみならず、世界中《せかいじゅう》に広《ひろ》まりました。

22

インスタントラーメンの麺《めん》の種類《しゅるい》は？

乾燥《かんそう》方法《ほうほう》の違《ちが》いで大《おお》きくフライ麺《めん》とノンフライ麺《めん》に分《わ》けられる

フライ麺《めん》が主流《しゅりゅう》だけどノンフライ麺《めん》も人気《にんき》がある

インスタントラーメンというと、縮《ちぢ》れて固《かた》まった麺《めん》が思《おも》い浮《う》かぶと思《おも》います。特《とく》に、袋麺《ふくろめん》に入《はい》っている麺《めん》は、細《こま》かく波打《なみう》っている麺《めん》が印象的《いんしょうてき》です。インスタントラーメンの麺《めん》は、大《おお》きく「フライ麺《めん》」と「ノンフライ麺《めん》」の2つに分《わ》けられます。

フライ麺《めん》は、インスタントラーメンのなかでも最《もっと》も一般的《いっぱんてき》なタイプです。スープに油《あぶら》が溶《と》け出《だ》すため、味《あじ》わいにコクが生《う》まれるのが特徴《とくちょう》です。人《ひと》によっては「フライのコクがやみつきになる」と感《かん》じるかもしれません。しかし、カロリーがやや高《たか》めであ

主《おも》な麺《めん》の種類《しゅるい》

フライ麺《めん》

油《あぶら》で揚《あ》げて乾燥《かんそう》させる方法《ほうほう》で製造《せいぞう》された麺《めん》。140～160℃の油《あぶら》に入《い》れ、1～2分通過《ふんつうか》させます。油《あぶら》で揚《あ》げたときに、麺《めん》のなかの水分《すいぶん》が蒸発《じょうはつ》するため、麺《めん》のなかにたくさんの小《ちい》さな穴《あな》が空《あ》きます。そこにお湯《ゆ》を注《そそ》ぐことで麺《めん》が元《もと》のやわらかい状態《じょうたい》に戻《もど》ります。油《あぶら》がスープに溶《と》け出《だ》すため、コクが生《う》まれやすいのも特徴《とくちょう》です。

ノンフライ麺《めん》

　油《あぶら》で揚《あ》げずに熱風《ねっぷう》で乾燥《かんそう》させる方法《ほうほう》で製造《せいぞう》される麺《めん》。油《あぶら》を使《つか》わないため、カロリーがフライ麺《めん》より少《すく》なく、健康志向《けんこうしこう》の人《ひと》に人気《にんき》です。また、生麺《なまめん》に近《ちか》いコシのある食感《しょっかん》を楽《たの》しめます。

なぜ波打《なみう》っているの?

製造工程《せいぞうこうてい》で麺同士《めんどうし》がくっつきにくくなる、調理《ちょうり》をするときにほぐれやすくなるなどの理由《りゆう》があります。

長期間保存《ちょうきかんほぞん》できるのはなぜ?

乾燥《かんそう》することで水分《すいぶん》が少《すく》なくなるため、腐《ふ》敗《はい》・変質《へんしつ》しにくく、長期間《ちょうきかん》の保存《ほぞん》が可能《かのう》になります。

ることも覚《おぼ》えておきましょう。

　ノンフライ麺《めん》は、健康志向《けんこうしこう》の人々《ひとびと》に人気《にんき》があります。油《あぶら》で揚《あ》げずに熱風《ねっぷう》で乾燥《かんそう》させるため、フフイ麺《めん》に比《くら》べてカロリーが少《すく》なく、健康的《けんこうてき》な選択肢《せんたくし》として注目《ちゅうもく》されています。あっさりとした味《あじ》わいですが、スープの風味《ふうみ》を引《ひ》き立《た》てることができます。ノンフライ麺《めん》を使《つか》ったラーメンを食《た》べると、まるで本格的《ほんかくてき》なラーメン店《てん》にいるかのような満足感《まんぞくかん》を得《え》られるといいます。

　ほかにも「生《なま》タイプ麺」もあります。乾《かん》燥《そう》させるのではなく、有機酸《ゆうきさん》で処理《しょり》したあとに殺菌《さっきん》することで、まるで生麺《なまめん》のような食感《しょっかん》を楽《たの》しめるのが魅力《みりょく》です。

　どのタイプの麺《めん》も保存性《ほぞんせい》が高《たか》く、常温《じょうおん》で長期間保存可能《ちょうきかんほぞんかのう》な点《てん》も特徴《とくちょう》です。冷凍保存《れいとうほぞん》が難《むずか》しい地域《ちいき》でも流通《りゅうつう》が可能《かのう》です。

23

どのくらい食《た》べられているの？

一年間《いちねんかん》で日本人《にほんじん》一人当《ひとりあ》たり47・2食《しょく》も消費《しょうひ》している

日本人《にほんじん》一人当《ひとりあ》たりの年間消費量《ねんかんしょうひりょう》は？

約《やく》47.2食《しょく》

※（一社《いっしゃ》）日本即席食品工業協会調《にほんそくせきしょくひんこうぎょうきょうかいしら》べ（2023年度《ねんど》）をもとに作成《さくせい》。
※袋麺《ふくろめん》も含《ふく》む。

日本《にほん》では一年間《いちねんかん》に約《やく》58億食《おくしょく》も作《つく》られている

手軽《てがる》さとおいしさで現代人《げんだいじん》にとって手放《てばな》せなくなったインスタントラーメン。世界中《せかいじゅう》でどのくらい食《た》べられているか知《し》っていますか？

インスタントラーメンは1958年《ねん》に日本《にほん》で誕生《たんじょう》し、現在《げんざい》では世界中《せかいじゅう》で年間《ねんかん》120億食以上《おくしょくいじょう》が消費《しょうひ》されています（出典《しゅってん》：2023年《ねん》世界総需要《せかいそうじゅよう》　世界《せかい》ラーメン協会《きょうかい》（WINA）推定《すいてい》）。

この驚《おどろ》くべき数字《すうじ》は、インスタントラーメンがどれほど広《ひろ》く受《う》け入《い》れられているかを示《しめ》しています。特《とく》に中国《ちゅうごく》と香港《ほんこん》、インド

一《いち》年《ねん》間《かん》にどのくらい作《つく》られているの？

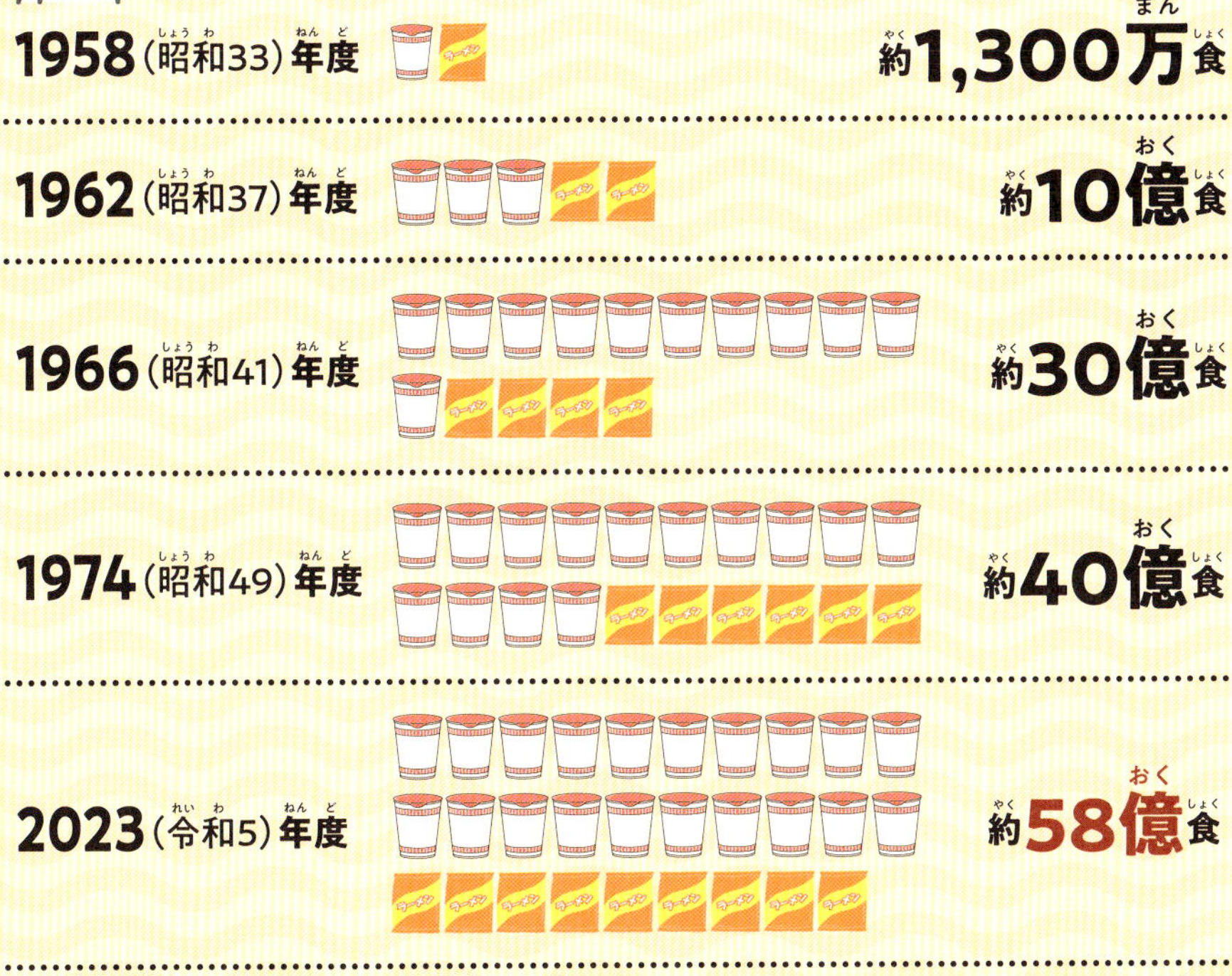

1958(昭和33)年度		約1,300万食
1962(昭和37)年度		約10億食
1966(昭和41)年度		約30億食
1974(昭和49)年度		約40億食
2023(令和5)年度		約58億食

※（一社《いっしゃ》）日本即席食品工業協会調《にほんそくせきしょくひんこうぎょうきょうかいしら》べ（2023年度《ねんど》）をもとに作成《さくせい》。 ※袋麺《ふくろめん》も含《ふく》む。

ネシアなどで多《おお》く消費《しょうひ》されています。日常《にちじょう》の食事《しょくじ》として世界中《せかいじゅう》で現地《げんち》の味《あじ》に合《あ》わせた多様《たよう》なフレーバーが展開《てんかい》され、ヨーロッパやアメリカでも人気《にんき》です。例《たと》えば、中国《ちゅうごく》では「海鮮味《かいせんあじ》」や香辛料《こうしんりょう》を使《つか》った「ビーフ味《あじ》」が人気《にんき》です。また、麺《めん》をすする文化《ぶんか》がないヨーロッパでは、フォークで食《た》べやすいように麺《めん》が短《みじか》いのが特徴《とくちょう》です。

日本《にほん》でも、インスタントラーメンは日常《にちじょう》の食卓《しょくたく》に欠《か》かせない存在《そんざい》です。（一社《いっしゃ》）日本即席食品工業協会《にほんそくせきしょくひんこうぎょうきょうかい》による2023年度《ねんど》のデータでは、日本人《にほんじん》一人当《ひとりあ》たりの年間消費量《ねんかんしょうひりょう》は約《やく》47・2食《しょく》とされています。

そして、日本《にほん》で一年間《いちねんかん》に作《つく》られている即席麺《そくせきめん》の数《かず》は約《やく》58億食《おくしょく》です。

インスタントラーメンの人気《にんき》の秘密《ひみつ》は、その手軽《てがる》さと多様《たよう》な味《あじ》わいにあります。各《かく》メーカーは、消費者《しょうひしゃ》のニーズに応《こた》えるために、新《あたら》しいバリエーションを次々《つぎつぎ》と開発《かいはつ》しています。

24

インスタントラーメンはどのように作《つく》られるの？

たくさんの工夫《くふう》と技術《ぎじゅつ》が詰《つ》まった複雑《ふくざつ》な製造工程《せいぞうこうてい》を経《へ》て作《つく》られている

どうやって作《つく》られるの？

小麦粉《こむぎこ》と「こね水《みず》」で生地《きじ》を作《つく》り麺《めん》の形《かたち》に整《ととの》えたあと乾燥《かんそう》させる

普段何気《ふだんなにげ》なく食《た》べているインスタントラーメンは、複雑《ふくざつ》な製造工程《せいぞうこうてい》を経《へ》て作《つく》られています。商品《しょうひん》や種類《しゅるい》によって違《ちが》いはありますが、基本的《きほんてき》な製造工程《せいぞうこうてい》を紹介《しょうかい》します。

まず、水《みず》に食塩《しょくえん》やかんすいなどを溶《と》かした「こね水《みず》」を作《つく》ります。そして、大《おお》きなミキサーで「こね水《みず》」と小麦粉《こむぎこ》を練《ね》り合《あ》わせて、生地《きじ》を作《つく》ります。

次《つぎ》に、この生地《きじ》をローラーではさんで薄《うす》く伸《の》ばし、麺帯《めんたい》と呼《よ》ばれる状態《じょうたい》にします。麺帯《めんたい》を切《き》り出《だ》して、麺《めん》の形《かたち》を整《ととの》えます。

ここまでの工程《こうてい》で、インスタントラーメ

インスタントラーメンができる主《おも》な工程《こうてい》

①こね水《みず》調整《ちょうせい》

水《みず》に食塩《しょくえん》、かんすいなどを溶《と》かします。

②混合《こんごう》・練込《ねりこ》み

ミキサーでこね水《みず》と小麦粉《こむぎこ》をこねます。網《あみ》の目状《めじょう》の構造《こうぞう》が形成《けいせい》され、麺《めん》のコシが作《つく》られます。

③麺帯形成《めんたいけいせい》

回転《かいてん》している2個《こ》のローラーの間《あいだ》を通《とお》し、麺帯《めんたい》を作《つく》ります。2枚作《まいつく》ったあと、1枚《まい》に張《は》り合《あ》わせることで、麺帯《めんたい》が強《つよ》く均一《きんいつ》になります。

④圧延《あつえん》

厚《あつ》さ1cmほどになった麺帯《めんたい》を圧延《あつえん》ローラーの間《あいだ》を通過《つうか》させるうちに、1mmほどの薄《うす》さにします。

⑤麺線《めんせん》切《き》り出《だ》し

麺帯《めんたい》を切《き》り出《だ》し機《き》にかけて、麺線《めんせん》にします。麺《めん》にウェーブがかかっているのは、このときの波形《なみがた》を作《つく》る装置《そうち》とコンベアによるものです。

⑥蒸熱《じょうねつ》

麺線《めんせん》がコンベアにのったまま、連続蒸《れんぞくむ》し機《き》を通《とお》して蒸《む》されます。100℃の蒸気《じょうき》で1～5分《ふん》かけて蒸《む》されます。これにより麺《めん》のでんぷんがアルファー化《か》され、消化《しょうか》できる状態《じょうたい》になります。

⑦切断《せつだん》・型詰《かたづ》め

麺《めん》を切断《せつだん》して、1食分《しょくぶん》ずつ金属枠《きんぞくわく》に入《い》れて成型《せいけい》します。

⑧乾燥処理《かんそうしょり》

麺《めん》から水分《すいぶん》を取《と》り除《のぞ》き乾燥《かんそう》させます。主《おも》に油揚《あぶらあ》げか熱風乾燥《ねっぷうかんそう》の方法《ほうほう》で乾燥《かんそう》させます。

⑨冷却《れいきゃく》・検査《けんさ》

高温《こうおん》の麺《めん》に冷風《れいふう》を吹《ふ》き付《つ》け、室温近《しつおんちか》くまで冷却《れいきゃく》します。その後《ご》、重量《じゅうりょう》や形《かたち》、色《いろ》、乾燥度《かんそうど》、油《あぶら》揚《あ》げ状態《じょうたい》、冷却《れいきゃく》の程度《ていど》など検査《けんさ》されます。

⑩包装《ほうそう》

できあがった麺《めん》は、別添《べつぞ》えの調味料《ちょうみりょう》やかやくなどとともに、袋《ふくろ》または容器《ようき》に入《い》れられ、フタ材《ざい》で密封《みっぷう》され、包装《ほうそう》されます。

ンの基本《きほん》となる麺《めん》が完成《かんせい》しますが、まだ食《た》べられる状態《じょうたい》ではありません。このあと、100℃の蒸気《じょうき》で蒸《む》します。この工程《こうてい》で、麺《めん》の成分《せいぶん》の約《やく》7割《わり》を占《し》めているでんぷんがアルファー化《か》されます。アルファー化《か》することで、数分《すうふん》の調理《ちょうり》でおいしく食《た》べられ、胃《い》で消化《しょうか》できる状態《じょうたい》になります。

味付《あじつ》け麺《めん》の場合《ばあい》は、次《つぎ》に味付《あじつ》けの工程《こうてい》に入《はい》ります。ここで味付《あじつ》けしたスープに麺《めん》を浸《ひた》すことで、さらにおいしさが引《ひ》き立《た》てられます。

その後《ご》、麺《めん》は油《あぶら》で揚《あ》げられるか、熱風《ねっぷう》で乾燥《かんそう》させられ、保存性《ほぞんせい》が高《たか》まります。そして、お湯《ゆ》をかけるだけで簡単《かんたん》に戻《もど》るようになります。

最後《さいご》に、具材《ぐざい》やかやく、スープの素《もと》などを加《くわ》えて包装《ほうそう》し、出荷《しゅっか》されます。インスタントラーメンにはたくさんの工夫《くふう》と技術《ぎじゅつ》が詰《つ》まっているのです。

25 インスタントラーメンの作《つく》り方《かた》は？

麺《めん》にかやくや粉《ふん》末《まつ》スープを入《い》れて、お湯《ゆ》を注《そそ》いで待《ま》つだけでできあがり

カップ麺《めん》の基《き》本《ほん》的《てき》な作《つく》り方《かた》

フタをはがし、かやくや粉《ふん》末《まつ》スープなどがある場《ば》合《あい》は取《と》り出《だ》します。必《ひつ》要《よう》な量《りょう》の熱《ねっ》湯《とう》を入《い》れたら、フタをして数《すう》分《ふん》待《ま》ちます（商《しょう》品《ひん》によってはかやくや粉《ふん》末《まつ》スープなども入《い》れます）。時《じ》間《かん》が経《た》ったら、フタを開《あ》けて軽《かる》くかき混《ま》ぜたらできあがりです。

何《なん》で3分《ぷん》待《ま》つの？

お湯《ゆ》を注《そそ》いでからできあがりまでの待《ま》ち時《じ》間《かん》は商《しょう》品《ひん》によってちがいますが、3分《ふん》前《ぜん》後《ご》のものが多《おお》いです。一《いち》番《ばん》おいしく食《た》べられる時《じ》間《かん》を研《けん》究《きゅう》した結《けっ》果《か》、この時《じ》間《かん》になったといわれています。うどんのような麺《めん》が太《ふと》い商《しょう》品《ひん》はお湯《ゆ》を吸《きゅう》収《しゅう》するのに時《じ》間《かん》がかかるため、5分《ふん》のものが多《おお》いです。反《はん》対《たい》にバリカタ（硬《かた》めの麺《めん》）を再《さい》現《げん》するため、待《ま》ち時《じ》間《かん》が1分《ぷん》という商《しょう》品《ひん》もあります。

容《よう》器《き》や包《ほう》装《そう》に書《か》かれている説《せつ》明《めい》や注《ちゅう》意《い》書《が》きにしたがって作《つく》ろう

商《しょう》品《ひん》やメーカーによって作《つく》り方《かた》は異《こと》なります。容《よう》器《き》や包《ほう》装《そう》に記《き》載《さい》されている説《せつ》明《めい》や注《ちゅう》意《い》書《が》きにしたがって作《つく》りましょう。また、お湯《ゆ》の量《りょう》や待《ま》ち時《じ》間《かん》なども、おいしく食《た》べられるようにメーカーが研《けん》究《きゅう》を重《かさ》ねて考《かんが》えたものなので、推《すい》奨《しょう》されている量《りょう》や時《じ》間《かん》を守《まも》りましょう。

インスタントラーメンを作《つく》るのに適《てき》しているお湯《ゆ》の温《おん》度《ど》は、沸《ふっ》騰《とう》した直《ちょっ》後《ご》の95～100℃程《てい》度《ど》とされています。カップ麺《めん》は容《よう》器《き》にかやく、粉《ふん》末《まつ》スープを入《い》れてお湯《ゆ》を注《そそ》ぐだけですが、袋《ふくろ》麺《めん》は自《じ》分《ぶん》で好《この》みの具《ぐ》材《ざい》を

袋麺《ふくろめん》の基本的《きほんてき》な作《つく》り方《かた》

①袋《ふくろ》から麺《めん》とかやく、粉末《ふんまつ》スープなどを取《と》り出《だ》します。鍋《なべ》に水《みず》を入《い》れ、沸騰《ふっとう》したら麺《めん》を入《い》れてゆでます(商品《しょうひん》によってはかやくなども一緒《いっしょ》に入《い》れます)。ゆで時間《じかん》の目安《めやす》は商品《しょうひん》によって異《こと》なります。

②麺《めん》がゆで上《あ》がったら火《か》を止《と》めて、粉末《ふんまつ》スープやかやくなどを入《い》れて、よくかき混《ま》ぜたらできあがりです。

③お好《この》みにより、メンマやチャーシュー、ネギなどの具材《ぐざい》を入《い》れてもよいでしょう。

賞味期限《しょうみきげん》はあるの?

インスタントラーメンには賞味期限《しょうみきげん》があります。パッケージや外装《がいそう》フィルムなどに記載《きさい》されています。記載《きさい》されている年月《ねんがっ》日《び》までは、おいしく食《た》べられるという期限《きげん》です。商品《しょうひん》の種類《しゅるい》によりますが、乾燥《かんそう》によって水分《すいぶん》が少《すく》なくなっているインスタントラーメンは、腐敗《ふはい》・変質《へんしつ》しにくいため、長期間《ちょうきかん》の保存《ほぞん》が可能《かのう》です。

入《い》れてもよいでしょう。

26 パッケージの食品表示《しょくひんひょうじ》は何《なに》を表《あらわ》しているの？

材料名《ざいりょうめい》や保存方法《ほぞんほうほう》、食物《しょくもつ》アレルギーの表示《ひょうじ》、分別収集《ぶんべつしゅうしゅう》のためのマークなど大切《たいせつ》な情報《じょうほう》が記載《きさい》されている

環境《かんきょう》のためや、注意喚起《ちゅういかんき》を目的《もくてき》としたマークも表示《ひょうじ》している

パッケージをよく見《み》ると、さまざまな情報《じょうほう》が掲載《けいさい》されています。名称《めいしょう》や原材料名《げんざいりょうめい》などが書《か》かれている部分《ぶぶん》を食品表示《しょくひんひょうじ》といい、食品《しょくひん》について必要《ひつよう》な情報《じょうほう》を確認《かくにん》できます。

また、容器包装《ようきほうそう》された加工食品《かこうしょくひん》には、アレルギー物質《ぶっしつ》が一定量以上《いっていりょういじょう》、常《つね》に原材料《げんざいりょう》に含《ふく》まれている場合《ばあい》、食品表示法《しょくひんひょうじほう》に則《のっと》った表《ひょう》示《じ》をすることが定《さだ》められています。

ごみを分別収集《ぶんべつしゅうしゅう》するためのマークは、表《ひょう》示《じ》にしたがい分別《ぶんべつ》・再利用《さいりよう》して環境《かんきょう》を守《まも》るために記載《きさい》されています。ほかにもやけどなどの注意《ちゅうい》をうながすマークもあります。

食品表示《しょくひんひょうじ》には何《なに》が書《か》かれているの？

食品表示《しょくひんひょうじ》の項目《こうもく》には、その食品《しょくひん》に使《つか》われている原材料《げんざいりょう》が使用量《しようりょう》の多《おお》い順《じゅん》に書《か》かれています。また、内容量《ないようりょう》や保存方法《ほぞんほうほう》、栄養成分《えいようせいぶん》なども書《か》かれています。

食物《しょくもつ》アレルギーの表示《ひょうじ》

特定原材料《とくていげんざいりょう》（義務表示《ぎむひょうじ》）	えび	かに	小麦《こむぎ》	そば	卵《たまご》
	乳《ちち》	落花生《らっかせい》（ピーナッツ）		くるみ	
特定原材料《とくていげんざいりょう》に準《じゅん》ずるもの（推奨表示《すいしょうひょうじ》）	アーモンド	あわび	いか	いくら	オレンジ
	カシューナッツ	キウイフルーツ	牛肉《ぎゅうにく》	ごま	さけ
	さば	大豆《だいず》	鶏肉《とりにく》	バナナ	豚肉《ぶたにく》
	マカダミアナッツ	もも	やまいも	りんご	ゼラチン

よく見《み》るマークの意味《いみ》は?

プラスチック製《せい》容器《ようき》包装《ほうそう》マーク

リサイクルするプラスチック製《せい》の容器《ようき》包装《ほうそう》に表示《ひょうじ》されるマークです。

紙製容器《かみせいようき》包装《ほうそう》マーク

リサイクルする紙製《かみせい》の容器《ようき》包装《ほうそう》に表示《ひょうじ》されるマークです。

やけどに注意《ちゅうい》

熱《あつ》いお湯《ゆ》でやけどをしないように注意《ちゅうい》をうながすマークです。

電子《でんし》レンジ調理《ちょうり》不可《ふか》

電子《でんし》レンジの調理《ちょうり》に適《てき》さない容器《ようき》であることを表《あらわ》すマークです。

移《うつ》り香《が》注意《ちゅうい》

においの強《つよ》いもののそばに置《お》いて、においが移《うつ》らないように注意《ちゅうい》をうながすマークです。

27

災《さい》害《がい》時《じ》の非《ひ》常《じょう》食《しょく》としても注《ちゅう》目《もく》されている

手軽《てがる》に調理《ちょうり》できて種類《しゅるい》が豊富《ほうふ》、栄養面《えいようめん》でも充実《じゅうじつ》している

お湯《ゆ》を注《そそ》ぐだけで食《た》べられるので災害時《さいがいじ》に心強《こころづよ》い存在《そんざい》

災害《さいがい》が発生《はっせい》したとき、手軽《てがる》に食《た》べられる「非常食《ひじょうしょく》」はとても重要《じゅうよう》です。レトルトのカレーやごはん、水《みず》、缶詰《かんづ》めなどのほか、インスタントラーメンもその利便性《りべんせい》から、多《おお》くの人《ひと》に非常食《ひじょうしょく》として選《えら》ばれています。

特《とく》に、災害《さいがい》の多《おお》い日本《にほん》で非常食《ひじょうしょく》の存在意《そんざいい》義《ぎ》は大《おお》きいです。非常食《ひじょうしょく》としてのインスタントラーメンの重要性《じゅうようせい》を考《かんが》えてみましょう。

インスタントラーメンは、まずその保存《ほぞん》期間《きかん》の長《なが》さが魅力《みりょく》です。メーカーや商品《しょうひん》によって異《こと》なりますが、一般的《いっぱんてき》にカップ麺《めん》の賞《しょう》味期限《みきげん》は製造日《せいぞうび》より6ケ月《かげつ》で、袋麺《ふくろめん》は8ケ《か》

ローリングストックとは?

賞味期限《しょうみきげんぎ》切れの防止《ぼうし》や、いざというときのために使《つか》い方《かた》に慣《な》れておく目的《もくてき》で、日常生活《にちじょうせいかつ》で備蓄《びちく》を少《すこ》しずつ食《た》べるようにし、使《つか》った分《ぶん》だけ買《か》い足《た》すことで、常《つね》に一定量《いっていりょう》の食料《しょくりょう》を備蓄《びちく》しておく方法《ほうほう》をローリングストックといいます。

宇宙食《うちゅうしょく》にも採用《さいよう》されている

日常《にちじょう》とは違《ちが》う場所《ばしょ》で食《た》べられるラーメンとして、宇宙食《うちゅうしょく》ラーメンがあります。世界初《せかいはつ》の宇宙食《うちゅうしょく》ラーメン「スペース・ラム」は、2005年《ねん》7月《がつ》にスペースシャトル「ディスカバリー号《ごう》」に搭載《とうさい》され、宇宙飛《うちゅうひ》行士《こうし》の野口聡一《のぐちそういち》さんがはじめて宇宙《うちゅう》でラーメンを食《た》べました。無重力空間《むじゅうりょくくうかん》でも食《た》べられるように、スープにとろみがつけられるなど、工夫《くふう》がされています。

月《げつ》に設定《せってい》されています。非常時《ひじょうじ》に食《た》べ物《もの》が確保《かくほ》できない状況《じょうきょう》でも安心《あんしん》です。

また、調理《ちょうり》が簡単《かんたん》で、お湯《ゆ》を注《そそ》ぐだけですぐに食《た》べられる点《てん》も大《おお》きなメリットといえるでしょう。

実際《じっさい》に、災害時《さいがいじ》に電気《でんき》やガスが使《つか》えない状況《じょうきょう》でも、お湯《ゆ》さえあれば温《あたた》かい食事《しょくじ》がとれるため、非常《ひじょう》に心強《こころづよ》い存在《そんざい》です。

さらに、インスタントラーメンは種類《しゅるい》が豊富《ほうふ》で、栄養《えいよう》バランスを考《かんが》えた商品《しょうひん》も増《ふ》えています。

なかには、麺《めん》に加《くわ》えて乾燥野菜《かんそうやさい》や肉《にく》が含《ふく》まれているものもあり、ラーメン店《てん》で出《で》るものと遜色《そんしょく》のない本格派《ほんかくは》ラーメンを食《た》べることができます。

このように、単《たん》なる腹持《はらも》ちの良《よ》い食事《しょくじ》というだけでなく、栄養面《えいようめん》でも充実《じゅうじつ》している点《てん》が、インスタントラーメンの強《つよ》みといえるでしょう。

ラーメンのうんちく5

ある事《じ》件《けん》をきっかけにヒットした カップヌードル

1971年《ねん》に世界初《せかいはつ》のカップ麺《めん》である日清食品《にっしんしょくひん》の「カップヌードル」が発売《はつばい》されました。容器《ようき》に入《はい》っていて、お湯《ゆ》を注《そそ》げば、そのまま食《た》べられるという画期的《かっきてき》な商品《しょうひん》でしたが、価格《かかく》が1食《しょく》100円《えん》と高《たか》かったこともあり、なかなか店頭《てんとう》に置《お》いてもらうことができませんでした。

そこで、お湯《ゆ》の出《で》る自動販売機《じどうはんばいき》を作《つく》ったり、銀座《ぎんざ》の歩行者天国《ほこうしゃてんごく》で試食販売《ししょくはんばい》を行《おこな》うなど、それまでにない方法《ほうほう》で宣伝《せんでん》や販売《はんばい》をしたところ大《おお》きな話題《わだい》を呼《よ》び、自動販売機《じどうはんばいき》は1年間《ねんかん》で全国《ぜんこく》に2万台設置《まんだいせっち》されました。

人気《にんき》に火《ひ》が点《つ》いた大《おお》きな理由《りゆう》の1つが、1972年《ねん》2月《がつ》19日《にち》に起《お》きた「あさま山荘《さんそう》事件《じけん》」といわれています。

連合赤軍《れんごうせきぐん》が軽井沢《かるいざわ》にあるあさま山荘《さんそう》に人《ひと》質《じち》をとって立《た》てこもった事件《じけん》です。日本中《にほんじゅう》が注目《ちゅうもく》するなか、その山荘《さんそう》を包囲《ほうい》する警視《けいし》庁《ちょう》の機動隊員《きどうたいいん》たちが、非常用食料《ひじょうようしょくりょう》として配《くば》られた「カップヌードル」を食《た》べる様子《ようす》がテレビ中継《ちゅうけい》でくり返《かえ》し映《うつ》されました。その後《ご》、生産《せいさん》が追《お》いつかなくなるほど注文《ちゅうもん》が殺《さっ》到《とう》したそうです。

ラーメンのうんちく 6

世界《せかい》で一番《いちばん》食《た》べているのは 中国《ちゅうごく》／香港《ほんこん》

全《ぜん》

　世界《せかい》で1年間《ねんかん》に消費《しょうひ》されたインスタントラーメンの数《かず》は約《やく》１２０２億食《おくしょく》といわれています。「２０２３年《ねん》世界総需要《せかいそうじゅよう》　世界《せかい》ラーメン協会《きょうかい》（WINA）推定《すいてい》」によるとそのうち、一番《いちばん》インスタントラーメンを食《た》べている国《くに》は、中国《ちゅうごく》と香港《ほんこん》で、１年間《ねんかん》の消費量《しょうひりょう》は約《やく》４２２・１億食《おくしょく》です。中国《ちゅうごく》ではビーフベースのスープに、中国特有《ちゅうごくとくゆう》の香辛料《こうしんりょう》を加《くわ》えた味《あじ》が広《ひろ》く好《この》まれているそうです。

　２位《い》はインドネシアで、約《やく》１４５・４億《おく》食《しょく》。人気《にんき》なのは、国民食《こくみんしょく》でもあるミーゴレン。また、イスラム教《きょう》が人口《じんこう》の大半《たいはん》を占《し》めているので、ハラールと呼《よ》ばれるイスラム教《きょう》の教《おし》えに沿《そ》った材料《ざいりょう》で作《つく》られたものが多《おお》いです。

　３位《い》はインドで、約《やく》86・８億食《おくしょく》です。カレー味《あじ》が人気《にんき》で、宗教上《しゅうきょうじょう》の理由《りゆう》から野菜《やさい》やトマトのスープが多《おお》いです。また、少量《しょうりょう》のスープを麺《めん》にからめて食《た》べるスタイルが一《いっ》般的《ぱんてき》なのも特徴《とくちょう》です。

　インスタントラーメンが生《う》まれた日本《にほん》は５位《い》の約《やく》58・４億食《おくしょく》なので、上位《じょうい》の３国《こく》でいかに人気《にんき》かがわかります。

コラム

栄養《えいよう》のバランスを考《かんが》えて食《た》べよう

食事《しょくじ》をするときは、好《す》きなものだけを食《た》べるのではなく、栄養《えいよう》のバランスを考《かんが》えて食《た》べましょう。血《ち》や骨《ほね》、筋肉《きんにく》など私《わたし》たちの体《からだ》のもとになり、病気《びょうき》になりにくい健康《けんこう》な体《からだ》を作《つく》るためには、栄養《えいよう》バランスのよい食事《しょくじ》が欠《か》かせません。

食事《しょくじ》は大《おお》きく主食《しゅしょく》、主菜《しゅさい》、副菜《ふくさい》に分《わ》かれます。ラーメンをはじめとした麺類《めんるい》は、ごはんやパンなどと同《おな》じ主食《しゅしょく》になり、主《おも》にエネルギーのもとになります。主菜《しゅさい》は魚《さかな》や肉《にく》、卵《たまご》、豆《まめ》など主《おも》に体《からだ》を作《つく》るもとになります。また、副菜《ふくさい》は野菜《やさい》やきのこ類《るい》などで、主《おも》に体《からだ》の調子《ちょうし》を整《ととの》える働《はたら》きをします。

麺《めん》だけを食《た》べるといった偏《かたよ》った食《た》べ方《かた》はしないで、肉《にく》や卵《たまご》、野菜《やさい》なども一緒《いっしょ》に食《た》べるようにしましょう。

第《だい》3章《しょう》

全《ぜん》国《こく》のご当《とう》地《ち》ラーメン

東北《とうほく》エリア

【青森県《あおもりけん》】
- 津軽《つがる》中華《ちゅうか》そば
- 味噌《みそ》カレー牛乳《ぎゅうにゅう》ラーメン
- 濃厚《のうこう》津軽《つがる》煮干《にぼ》しラーメン
- しじみラーメン
- つゆ焼《や》きそば
- 八戸《はちのへ》ラーメン

【岩手県《いわてけん》】
- 宮古《みやこ》ラーメン
- 釜石《かまいし》ラーメン
- 五穀《ごこく》ラーメン
- 三陸磯《さんりくいそ》ラーメン
- 大船渡《おおふなと》さんまらーめん
- じゃじゃ麺《めん》
- 盛岡冷麺《もりおかれいめん》

【秋田県《あきたけん》】
- 江戸系《えどけい》ラーメン
- 十文字《じゅうもんじ》ラーメン
- 稲庭《いなにわ》中華《ちゅうか》そば
- かつラーメン
- 秋田《あきた》 天《てん》ぷら中華《ちゅうか》

【宮城県《みやぎけん》】
- 冷《ひ》やし中華《ちゅうか》
- 辛味噌《からみそ》ラーメン

【山形県《やまがたけん》】
- 冷《ひ》やしラーメン
- 酒田《さかた》ラーメン
- 鶴岡節系《つるおかぶしけい》ラーメン
- とりもつラーメン
- 鳥中華《とりちゅうか》
- からみそラーメン
- 馬肉《ばにく》チャーシューラーメン
- 米沢《よねざわ》ラーメン
- 肉中華《にくちゅうか》

【福島県《ふくしまけん》】
- 喜多方《きたかた》ラーメン
- 白河《しらかわ》ラーメン
- 会津《あいづ》ラーメン
- 奥州郡山《おうしゅうこおりやま》とんこつラーメン
- 郡山《こおりやま》ブラックラーメン
- 会津野沢宿味噌《あいづのざわしゅくみそ》ラーメン
- 福島鶏白湯《ふくしまとりぱいたん》

北海道《ほっかいどう》エリア

【北海道《ほっかいどう》】
- 札幌《さっぽろ》ラーメン
- 旭川《あさひかわ》ラーメン
- 函館《はこだて》ラーメン
- 釧路《くしろ》ラーメン
- カレーラーメン
- 上川《かみかわ》ラーメン
- 天《てん》ぷらラーメン
- 中標津《なかしべつ》ミルキーラーメン
- オホーツク干貝柱《ほしかいばしら》ラーメン
- 旭川《あさひかわ》ホルメン
- ガタタンラーメン
- 稚内《わっかない》ラーメン
- 利尻《りしり》ラーメン

関東《かんとう》エリア

【茨城県《いばらきけん》】
- スタミナラーメン
- 水戸藩《みとはん》ラーメン
- 下館《しもだて》ラーメン
- 豆腐味噌《とうふみそ》ラーメン

【栃木県《とちぎけん》】
- 佐野《さの》ラーメン
- 夕顔《ゆうがお》ラーメン
- スープ入《い》り焼《や》きそば

【群馬県《ぐんまけん》】
- 藤岡《ふじおか》ラーメン
- 東毛手延《とうもうての》べラーメン

【千葉県《ちばけん》】
- 竹岡式《たけおかしき》ラーメン
- 勝浦《かつうら》タンタンメン
- アリランラーメン
- 船橋《ふなばし》ソースラーメン
- もばらーめん
- ホワイトガウラーメン
- 小見川《おみがわ》カレー焼《や》きそば

【埼玉県《さいたまけん》】
- スタミナラーメン
- 豆腐《とうふ》ラーメン
- 酒粕味噌《さけかすみそ》ラーメン
- 茶《ちゃ》ラーメン

【東京都《とうきょうと》】
- 東京《とうきょう》ラーメン
- 荻窪《おぎくぼ》ラーメン
- 油《あぶら》そば
- つけ麺《めん》
- 八王子《はちおうじ》ラーメン
- 背脂《せあぶら》ラーメン

【神奈川県《かながわけん》】
- 家系《いえけい》ラーメン
- サンマーメン
- ニュータンタンメン
- 平塚系《ひらつかけい》タンメン
- 小田原系《おだわらけい》ラーメン
- 三崎《みさき》まぐろラーメン
- 小田原《おだわら》タンタン麺《めん》
- 神奈川淡麗系《かながわたんれいけい》
- アホーメン

※日本《にほん》ラーメン協会《きょうかい》「日本《にほん》ご当地《とうち》ラーメン一覧《いちらん》2024」より（2024/7/11現在《げんざい》）

全国《ぜんこく》ご当地《とうち》ラーメンMAP《まっぷ》

北海道《ほっかいどう》から沖縄《おきなわ》まで、日本全国《にほんぜんこく》にあるご当地《とうち》ラーメンは、その土地《とち》の特産物《とくさんぶつ》を使《つか》ったものや、その地《ち》域特有《いきとくゆう》の食文化《しょくぶんか》や歴史《れきし》から生《う》まれたものもあれば、ある店《みせ》の店主《てんしゅ》が考案《こうあん》したことから広《ひろ》まったものなど、180種類《しゅるい》以上《いじょう》あります。次《つぎ》のページから、その一《いち》部《ぶ》を紹介《しょうかい》します。

中国《ちゅうごく》・四国《しこく》エリア

【鳥取県《とっとりけん》】
- 素《す》ラーメン
- 鳥取牛骨《とっとりぎゅうこつ》ラーメン

【島根県《しまねけん》】
- 山陰《さんいん》ちゃんぽん

【島根県《しまねけん》】
- しじみラーメン
- 松江《まつえ》ラーメン

【岡山県《おかやまけん》】
- 岡山《おかやま》ラーメン
- トンカツラーメン
- 新見《にいみ》ラーメン
- 笠岡《かさおか》ラーメン

【広島県《ひろしまけん》】
- 広島《ひろしま》ラーメン
- 広島《ひろしま》つけ麺《めん》
- 汁無《しるな》し担々麺《たんたんめん》
- 尾道《おのみち》ラーメン
- 呉冷麺《くれれいめん》

【山口県《やまぐちけん》】
- 宇部《うべ》ラーメン
- 下松牛骨《くだまつぎゅうこつ》ラーメン
- 瀬戸内《せとうち》ラーメンいりこそば

【徳島県《とくしまけん》】
- 徳島《とくしま》ラーメン

【愛媛県《えひめけん》】
- 松山瓢系《まつやまひょうけい》ラーメン
- 今治《いまばり》ラーメン
- 八幡浜《やわたはま》ちゃんぽん

【高知県《こうちけん》】
- みそカツラーメン
- 須崎鍋焼《すさきなべや》きラーメン
- 中日《ちゅうにち》そば

九州《きゅうしゅう》・沖縄《おきなわ》エリア

【福岡県《ふくおかけん》】
- 博多《はかた》ラーメン
- 長浜《ながはま》ラーメン
- 焼《や》きラーメン
- 久留米《くるめ》ラーメン
- ちゃんらー
- 戸畑《とばた》ちゃんぽん

【佐賀県《さがけん》】
- 佐賀《さが》ラーメン
- 佐賀《さが》ちゃんぽん
- マジェンバ

【長崎県《ながさきけん》】
- あごだしラーメン
- 長崎《ながさき》ちゃんぽん

【熊本県《くまもとけん》】
- 熊本《くまもと》ラーメン
- 玉名《たまな》ラーメン
- 天草《あまくさ》ちゃんぽん
- 太平燕《たいぴーえん》

【大分県《おおいたけん》】
- 佐伯《さいき》ラーメン
- 別府冷麺《べっぷれいめん》

【宮崎県《みやざきけん》】
- 宮崎《みやざき》ラーメン
- 宮崎辛麺《みやざきからめん》

【鹿児島県《かごしまけん》】
- 鹿児島《かごしま》ラーメン
- 串木野《くしきの》まぐろラーメン
- 枕崎《まくらざき》かつおラーメン

【沖縄県《おきなわけん》】
- ちゅら塩《しお》ラーメン
- 沖縄《おきなわ》そば

中部《ちゅうぶ》エリア

【新潟県《にいがたけん》】
- 新潟《にいがた》ラーメン
- 新潟濃厚味噌《にいがたのうこうみそ》ラーメン
- 長岡生姜醤油《ながおかしょうがしょうゆ》ラーメン
- 燕背脂《つばめせあぶら》ラーメン
- 三条《さんじょう》っ子《こ》ラーメン
- 三条《さんじょう》カレーラーメン
- 見附《みつけ》へそラーメン
- 上越《じょうえつ》とん汁《じる》ラーメン
- もつラーメン
- 冷丼《ひやどん》
- 上越味噌《じょうえつみそ》ラーメン
- 麻婆《まーぼー》ラーメン
- 上越雪《じょうえつゆき》むろ酒《さけ》かすラーメン

【富山県《とやまけん》】
- 富山《とやま》ブラックラーメン
- 入善《にゅうぜん》ブラウンラーメン
- 高岡《たかおか》グリーンラーメン
- おやべホワイトラーメン

【石川県《いしかわけん》】
- UFOラーメン
- 加賀味噌《かがみそ》ラーメン

【福井県《ふくいけん》】
- 敦賀《つるが》ラーメン

【山梨県《やまなしけん》】
- 平打《ひらう》ちタンメン
- 甲州地《こうしゅうじ》どりラーメン
- やまなし源水《げんすい》ラーメン

【長野県《ながのけん》】
- 安養寺《あんようじ》ラーメン
- 王様中華《おうさまちゅうか》そば
- ローメン
- 信州味噌《しんしゅうみそ》ラーメン

【岐阜県《ぎふけん》】
- 高山《たかやま》ラーメン
- 神岡《かみおか》ラーメン

【静岡県《しずおかけん》】
- 溶《と》き味噌《みそ》ラーメン
- 清水《しみず》もつカレーラーメン
- 志太系《しだけい》ラーメン
- 富士《ふじ》つけナポリタン

【愛知県《あいちけん》】
- 台湾《たいわん》ラーメン
- 台湾《たいわん》まぜそば
- 好来系《こうらいけい》ラーメン
- ベトコンラーメン
- 玉子《たまご》とじラーメン

【三重県《みえけん》】
- 亀山《かめやま》ラーメン

関西《かんさい》エリア

【京都府《きょうとふ》】
- 京都《きょうと》ラーメン
- 京風《きょうふう》ラーメン
- キーシマ

【大阪府《おおさかふ》】
- 高井田系《たかいだけい》ラーメン
- 大阪《おおさか》ライト豚骨《とんこつ》

【兵庫県《ひょうごけん》】
- 神戸《こうべ》ラーメン
- えきそば
- 播州《ばんしゅう》ラーメン
- 播州赤穂塩《ばんしゅうあこうしお》ラーメン
- 尼崎《あまがさき》あんかけちゃんぽん

【滋賀県《しがけん》】
- 近江《おうみ》ちゃんぽん

【奈良県《ならけん》】
- 天理《てんり》ラーメン

【和歌山県《わかやまけん》】
- 和歌山《わかやま》ラーメン

北海道《ほっかいどう》

1 札幌《さっぽろ》ラーメン

札幌《さっぽろ》ラーメンの代表的《だいひょうてき》な特徴《とくちょう》は、太《ふと》めの黄色《きいろ》いちぢれ麺《めん》。スープは醤油《しょうゆ》、塩《しお》、味噌味《みそあじ》があります。スープには、ラードが浮《う》かんでいることもあります。ラードを浮《う》かべると、寒《さむ》さの厳《きび》しい札幌《さっぽろ》でもラーメンが冷《さ》めにくくなるためです。長《なが》い歴史《れきし》のなかで多《おお》くのラーメン店《てん》が工夫《くふう》を重《かさ》ね、現在《げんざい》の姿《すがた》となりました。

2 旭川《あさひかわ》ラーメン

旭川市《あさひかわし》は、北海道《ほっかいどう》の内陸部《ないりくぶ》に位置《いち》し、古《ふる》くから特産品《とくさんひん》を交換《こうかん》する場《ば》となっていたため、各地《かくち》の海産物《かいさんぶつ》が集《あつ》まりやすい地域《ちいき》でした。そのため、旭川《あさひかわ》ラーメンは醤油味《しょうゆあじ》でスープには豚《ぶた》や鶏《とり》のほか、海《うみ》の幸《さち》もふんだんに使《つか》われています。札幌《さっぽろ》ラーメンと同様《どうよう》にちぢれ麺《めん》が使《つか》われていますが、旭川《あさひかわ》ラーメンは麺《めん》が白色《はくしょく》をしています。

3 函館《はこだて》ラーメン

函館《はこだて》ラーメンのはじまりは、1880年代《ねんだい》だといわれています。江戸時代《えどじだい》に函館港《はこだてこう》が開《ひら》かれ、函館《はこだて》には中国人《ちゅうごくじん》が集《あつ》まるようになりました。

そのため、中国《ちゅうごく》の麺料理《めんりょうり》で使《つか》われている塩味《しおあじ》のスープが、函館《はこだて》ラーメンのスープに生《い》かされています。スープが透《す》きとおっていることも、函館《はこだて》ラーメンの特徴《とくちょう》のひとつです。また、札幌《さっぽろ》ラーメンや旭川《あさひかわ》ラーメンのようなちぢれ麺《めん》ではなく、ストレート麺《めん》が使《つか》われています。

4 釧路《くしろ》ラーメン

　釧路《くしろ》ラーメンは、札幌《さっぽろ》・旭川《あさひかわ》・函館《はこだて》の3つのラーメンが有名《ゆうめい》になったあと、4つ目《め》のご当地《とうち》ラーメンとして知《し》られるようになりました。
　釧路《くしろ》は、遠洋漁業《えんようぎょぎょう》に従事《じゅうじ》する方《かた》が多《おお》く暮《く》らしていた地域《ちいき》です。仕事終《しごとお》わりに温《あたた》かいラーメンをすぐに食《た》べられるよう、ゆで時間《じかん》の短《みじか》い細《ほそ》ちぢれ麺《めん》が使《つか》われています。スープはかつお出汁《だし》のきいた醤油味《しょうゆあじ》が基本《きほん》ですが、近年《きんねん》では豚骨《とんこつ》を使用《しよう》する店《みせ》も増《ふ》えています。

5 カレーラーメン

　1960年代《ねんだい》、東京《とうきょう》では札幌《さっぽろ》ラーメンが流行《りゅうこう》していました。カレーラーメンは、札幌《さっぽろ》ラーメンの流行《りゅうこう》を受《う》け、1965年《ねん》に苫小牧《とまこまい》のラーメン店《てん》「味《あじ》の大王《だいおう》」が開発《かいはつ》したメニューです。スープにはとろみがあり、味《あじ》も食感《しょっかん》も中辛《ちゅうから》のカレーを再現《さいげん》しています。麺《めん》は、スープがよくからむ中太《ちゅうぶと》ちぢれ麺《めん》です。
　1972年《ねん》には室蘭《むろらん》にも「味《あじ》の大王《だいおう》」がオープンし、現在《げんざい》は苫小牧《とまこまい》と室蘭《むろらん》のご当地《とうち》ラーメンとして親《した》しまれています。

6 上川《かみかわ》ラーメン

　上川町《かみかわちょう》は、旭川市《あさひかわし》の近《ちか》くにある町《まち》です。そのため旭川《あさひかわ》ラーメンの影響《えいきょう》を受《う》けていますが、旭川《あさひかわ》ラーメンのような魚介《ぎょかい》と豚骨《とんこつ》などを組《く》み合《あ》わせたダブルスープではなく、シンプルなスープを使用《しよう》している店《みせ》も多《おお》く見《み》られます。
　上川町《かみかわちょう》は山岳地帯《さんがくちたい》にあり、きれいでおいしい水《みず》が湧《わ》いています。湧水《ゆうすい》がふんだんに使用《しよう》された風味豊《ふうみゆた》かなスープと、湧水《ゆうすい》で作《つく》られたコシのある麺《めん》が、上川《かみかわ》ラーメンの特徴《とくちょう》です。

※画像《がぞう》はイメージです。

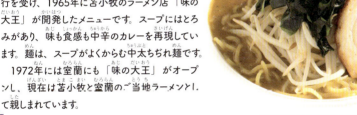

7 中標津《なかしべつ》ミルキーラーメン

中標津町《なかしべつちょう》は、酪農《らくのう》がさかんな町《まち》です。しかし牛乳《ぎゅうにゅう》の消費量《しょうひりょう》が落《お》ち込《こ》む年《とし》が続《つづ》き、2006年《ねん》には牛乳《ぎゅうにゅう》の大量廃棄《たいりょうはいき》が問題《もんだい》となりました。そこで考《こう》案《あん》されたレシピが、牛乳《ぎゅうにゅう》を使用《しよう》した中標津《なかしべつ》ミルキーラーメンです。牛乳《ぎゅうにゅう》の消費拡大《しょうひかくだい》を目的《もくてき》としているため、中標津《なかしべつ》ミルキーラーメンには「スープに牛乳《ぎゅうにゅう》を100cc以上《いじょう》使《つか》うこと」というルールが設《もう》けられています。牛乳《ぎゅうにゅう》がたっぷりと溶《と》け込《こ》んだ、ミルキーな味《あじ》わいが特徴《とくちょう》です。

8 旭川《あさひかわ》ホルメン

旭川市《あさひかわし》では、昭和《しょうわ》20年代《ねんだい》まで養豚業《ようとんぎょう》が栄《さか》えていました。そのため、旭川《あさひかわ》ラーメンの多《おお》くは豚《とん》骨《こつ》が使用《しよう》されています。豚《ぶた》の腸《ちょう》を活用《かつよう》するために、ホルモン焼《や》きというご当地《とうち》グルメも生《う》まれました。旭川《あさひかわ》ラーメンとホルモンを組《く》み合《あ》わせた料理《りょうり》が、旭川《あさひかわ》ホルメンです。「旭川《あさひかわ》しょうゆホルメン」とも呼《よ》ばれます。くさみがなくやわらかなホルモンを、豚骨《とんこつ》スープや生醤油《なましょうゆ》などで煮込《にこ》んでからのせていることが特徴《とくちょう》です。

9 稚内《わっかない》ラーメン

稚内《わっかない》ラーメンのスープは利尻昆布《りしりこんぶ》と豚骨《とんこつ》などから作《つく》られた透明《とうめい》なダブルスープ、麺《めん》はちぢれ麺《めん》です。そこに、豚《ぶた》ロースのチャーシューや麩《ふ》がのっています。稚内市《わっかないし》は北海道北部《ほっかいどうほくぶ》にある、漁業《ぎょぎょう》が盛《さか》んな地域《ちいき》です。厳《きび》しい寒《さむ》さに負《ま》けないようにスープは熱々《あつあつ》で、ホタテ貝《がい》やカニなどの海産物《かいさんぶつ》が使《つか》われていることもあります。近年《きんねん》は、ゆでた中華《ちゅうか》麺《めん》を焼《や》き、具材《ぐざい》たっぷりのあんをかけた「チャーメン」も好評《こうひょう》です。

10 利尻《りしり》ラーメン

北海道北部《はっかいどうほくぶ》の稚内市《わっかないし》からさらにフェリーで約《やく》1時間《じかん》40分《ぷん》の場所《ばしょ》に、利尻島《りしりとう》はあります。利尻島《りしりとう》の特産品《とくさんひん》は、うま味成分《みせいぶん》が豊富《ほうふ》で昆布《こんぶ》の王様《おうさま》とも呼《よ》ばれる「利尻昆布《りしりこんぶ》」です。利尻昆布《りしりこんぶ》は高価《こうか》な食材《しょくざい》ですが、利尻《りしり》ラーメンのスープには熟成《じゅくせい》させた利尻昆布《りしりこんぶ》がたっぷりと使用《しよう》されています。そこに野菜《やさい》や動物系《どうぶつけい》の出汁《だし》を組《く》み合《あ》わせた、透明《とうめい》で味《あじ》わい深《ぶか》いダブルスープが利尻《りしり》ラーメンの特徴《とくちょう》です。

東北《とうほく》

1 津軽《つがる》ラーメン(津軽中華《つがるちゅうか》そば)/青森県《あおもりけん》

青森市《あおもりし》・弘前市《ひろさきし》を中心《ちゅうしん》とした地域《ちいき》を津軽《つがる》と呼びます。津軽《つがる》ラーメンは、津軽地方《つがるちほう》のご当地《とうち》ラーメンです。青森《あおもり》は、昔《むかし》からそば店《てん》が多《おお》い地域《ちいき》でした。各地《かくち》のそば店《てん》が次々《つぎつぎ》にラーメンを提供《ていきょう》しはじめ、津軽《つがる》ラーメンの文化《ぶんか》が誕生《たんじょう》したといわれています。津軽《つがる》ラーメンの特徴《とくちょう》は、煮干《にぼ》しや焼《や》き干《ぼ》しを使《つか》ったスープです。そばと似《に》ている部分《ぶぶん》も多く津軽《つがる》ラーメンのス　プには油《あぶら》が浮《う》いていません。麺《めん》は細《ほそ》めのちぢれ麺《めん》が主流《しゅりゅう》です。

2 味噌《みそ》カレー牛乳《ぎゅうにゅう》ラーメン/青森県《あおもりけん》

1968年《ねん》、青森市《あおもりし》に札幌《さっぽろ》ラーメン店《てん》「味《あじ》の札《さっ》幌《ぽろ》」がオープンしました。やがて、店《みせ》に集《あつ》まる常連客《じょうれんきゃく》がラーメンに食《た》べ物《もの》を混《ま》ぜてみたことにより、「味噌《みそ》ラーメンにカレーと牛乳《ぎゅうにゅう》を入《い》れるとおいしい」といううわさが流《なが》れはじめます。味噌《みそ》カレー牛乳《ぎゅうにゅう》ラーメンは、「味《あじ》の札幌《さっぽろ》」の店主《てんしゅ》が若者《わかもの》の要望《ようぼう》を受《う》けて作《つく》ったメニューです。味噌《みそ》ラーメンにカレー粉《こ》と牛乳《ぎゅうにゅう》を入《い》れ、仕上《しあ》げにバターをのせています。

※画像《がぞう》はイメージです。

3 つゆ焼《や》きそば/青森県《あおもりけん》

黒石市《くろいしし》のご当地《とうち》グルメのひとつに、つゆ焼《や》きそばがあります。太平麺《ふとひらめん》に甘辛《あまから》いソースをかけた黒《くろ》石焼《いしや》きそばは、昭和《しょうわ》の子《こ》どものおやつとして愛《あい》されていました。つゆ焼《や》きそばは、豚肉《ぶたにく》やキャベツ、たまねぎなどの具材《ぐざい》と太平麺《ふとひらめん》をウスターソースでいため、醤油味《しょうゆあじ》のつゆに入《い》れた料理《りょうり》です。1960年頃《ねんごろ》、「美満寿《みますす》」という店《みせ》で焼《や》きそばにつゆをかけて提供《ていきょう》したことがはじまりだといわれています。

4 八戸《はちのへ》ラーメン/青森県《あおもりけん》

八戸《はちのへ》ラーメンを考案《こうあん》したのは、関東大震災《かんとうだいしんさい》から逃《のが》れてきた中国人《ちゅうごくじん》シェフ・鄭《てい》さんだといわれています。中国《ちゅうごく》の技術《ぎじゅつ》を生《い》かした細《ほそ》ちぢれ麺《めん》と、八《はち》戸産《のへさん》の鶏《とり》ガラや豚骨《とんこつ》、煮干《にぼ》し、ネギ、ニンニクをふんだんに使《つか》った醤油味《しょうゆあじ》のスープが特徴《とくちょう》です。鄭《てい》さんの店《みせ》は、今《いま》はもうありません。しかし、東《とう》北新幹線八戸駅《ほくしんかんせんはちのへえき》が開業《かいぎょう》した2002年《ねん》から、当時《とうじ》の味《あじ》を復刻《ふっこく》する運動《うんどう》が始《はじ》まっています。

5 釜石《かまいし》ラーメン/岩手県《いわてけん》

釜石市《かまいしし》が位置《いち》する三陸海岸《さんりくかいがん》は、世界三大漁《せかいさんだいぎょ》場《じょう》のひとつです。また、釜石市《かまいしし》は日本《にほん》の近代製《きんだいせい》鉄発祥《てつはっしょう》の地《ち》として知《し》られています。市内《しない》に立《た》ち並《なら》ぶ製鉄所《せいてつしょ》の社宅《しゃたく》で出前《でまえ》として人気《にんき》を集《あつ》めたのが、ラーメンでした。釜石《かまいし》ラーメンの特徴《とくちょう》は、琥珀色《こはくいろ》に透《す》きとおった醤油味《しょうゆあじ》のスープと、非常《ひじょう》に細《ほそ》い麺《めん》です。忙《いそが》しい漁師《りょうし》や製鉄所関係者《せいてつしょかんけいしゃ》のために、すぐにゆで上《あ》がる超極細麺《ちょうごくぼそめん》が使われるようになったといわれています。

6 三陸磯《さんりくいそ》ラーメン/岩手県《いわてけん》

三陸磯《さんりくいそ》ラーメンは、1969年《ねん》に岩手県大槌町《いわてけんおおつちちょう》で誕生《たんじょう》した塩味《しおあじ》のご当地《とうち》ラーメンです。現在《げんざい》は大槌町《おおつちちょう》のほか、三陸地方各地《さんりくちほうかくち》で提供《ていきょう》されています。三陸磯《さんりくいそ》ラーメンの特徴は、イカ・エビなどの魚介類《ぎょかいるい》や海藻類《かいそうるい》がふんだんに使《つか》われていることです。使用《しよう》される魚介類《ぎょかいるい》や海藻類《かいそうるい》は地域《ちいき》ごとに異《こと》なり、陸前高田市《りくぜんたかだし》ではホタテ貝《がい》、釜石市《かまいしし》ではムール貝《がい》といったように、各地《かくち》の名産品《めいさんひん》が使《つか》われています。

7 じゃじゃ麺《めん》/岩手県《いわてけん》

わんこそば・冷麺《れいめん》と並《なら》び「盛岡《もりおか》三大麺《だいめん》」として知《し》られています。中国《ちゅうごく》の麺料理《めんりょうり》・炸醤麺《ジャージャーめん》をもとに、盛岡市《もりおかし》の飲食店《いんしょくてん》「白龍《ぱいろん》」の店主《てんしゅ》が考案《こうあん》しました。じゃじゃ麺《めん》の麺《めん》は、もちもちとした平打《ひらう》ち麺《めん》です。その上《うえ》に、ひき肉《にく》やシイタケなどを混《ま》ぜ込《こ》んだ味噌《みそ》がのっています。スープとしても楽《たの》しめることが特徴《とくちょう》で、麺《めん》と具《ぐ》を少《すこ》し残《のこ》した状態《じょうたい》で「ちーたんたんください」と注文《ちゅうもん》すると、おいしい玉子《たまご》スープにアレンジしてもらえます。

8 盛岡冷麺《もりおかれいめん》/岩手県《いわてけん》

盛岡《もりおか》三大麺《たいめん》のひとつです。朝鮮半島《ちょうせんはんとう》から盛岡《もりおか》市《し》に移住《いじゅう》した青木《あおき》さんが考案《こうあん》し、青木《あおき》さんがオーナーを務《つと》める飲食店《いんしょくてん》「食道園《しょくどうえん》」で提供《ていきょう》されたのがはじまりです。盛岡冷麺《もりおかれいめん》の特徴《とくちょう》は、小麦粉《こむぎこ》と馬鈴薯《ばれいしょ》(じゃがいものこと)のでんぷんを混《ま》ぜて作《つく》られたコシの強《つよ》い麺《めん》です。スープに牛骨《ぎゅうこつ》や鶏《とり》ガラを使用《しよう》し、具材《ぐざい》としてキムチをのせているため、コクと酸味《さんみ》の両方《りょうほう》を楽《たの》しめます。

※画像《がぞう》はイメージです。

9 江戸系《えどけい》ラーメン/秋田県《あきたけん》

江戸系《えどけい》ラーメンは、秋田市《あきたし》のご当地《とうち》ラーメンです。秋田市《あきたし》ではありますが、「大江戸《おおえど》」というラーメン店《てん》で生《う》まれたため、「江戸系《えどけい》」という名前《なまえ》が付《つ》けられています。江戸系《えどけい》ラーメンの特徴《とくちょう》は、醤油味《しょうゆあじ》の透明感《とうめいかん》のあるスープと細《ほそ》ちぢれ麺《めん》、唐辛子《とうがらし》やニンニクを使用《しよう》したピリッと辛《から》いトッピングです。新潟市《にいがたし》にも「大江戸《おおえど》」の味《あじ》を引《ひ》き継《つ》いだ店《みせ》があります。

10 十文字《じゅうもんじ》ラーメン/秋田県《あきたけん》

秋田県横手市十文字町《あきたけんよこてしじゅうもんじまち》で生《う》まれたご当地《とうち》ラーメンです。第二次世界大戦中《だいにじせかいたいせんちゅう》、十文字町《じゅうもんじまち》で暮《く》らしていた川越倉治《かわごえくらじ》さん・タマさん夫妻《ふうふ》が中国人《ちゅうごくじん》から麺《めん》づくりの技《わざ》を習《なら》い、独自《どくじ》の和風《わふう》スープと組《く》み合《あ》わせたことがはじまりだといわれています。煮干《にぼ》しやかつお節《ぶし》を使用《しよう》した醤油味《しょうゆあじ》のスープと、極細《ごくぼそ》ちぢれ麺《めん》が特徴《とくちょう》です。現在《げんざい》では、横手焼《よこてや》きそばと並《なら》ぶ横手市《よこてし》の特産品《とくさんひん》として知《し》られています。

11 辛味噌《からみそ》ラーメン/宮城県《みやぎけん》

宮城県仙台市《みやぎけんせんだいし》の辛味噌《からみそ》ラーメンはまろやかでコクのある味噌《みそ》スープに、辛味噌《からみそ》を溶《と》かしながら食《た》べるのが特徴《とくちょう》です。辛味噌《からみそ》は、仙台味噌《せんだいみそ》をベースに豆板醤《とうばんじゃん》、唐辛子《とうがらし》、ニンニクを加《くわ》えたものです。辛味噌《からみそ》を少《すこ》しずつ溶《と》くことで味《あじ》が変化《へんか》していくのを楽《たの》しめます。仙台市内《せんだいしない》では、さまざまな店《みせ》が辛味噌《からみそ》ラーメンを提供《ていきょう》しています。

⑫ 冷《ひ》やし中華《ちゅうか》/宮城県《みやぎけん》

宮城県《みやぎけん》のご当地《とうち》グルメのひとつに、冷《ひ》やし中《ちゅう》華《か》があります。冷《ひ》やし中華《ちゅうか》の発祥地《はっしょうち》にはいくつかの説《せつ》があります。仙台市《せんだいし》にある「中国料理《ちゅうごくりょうり》　龍《りゅう》亭《てい》」では、もともとはラーメンを提供《ていきょう》していましたが、熱《あつ》いラーメンは夏場《なつば》にはあまり売《う》れません。そこで、ラーメンの代《か》わりに提供《ていきょう》した中国《ちゅうごく》の麺料《めんりょう》理《り》・涼拌麺《りゃんばんめん》が、冷《ひ》やし中華《ちゅうか》のルーツだといわれています。

⑬ 冷《ひ》やしラーメン/山形県《やまがたけん》

山形市《やまがたし》は東北地方《とうほくちほう》にありながら、夏場《なつば》の気温《きおん》が高《たか》くなりやすい地域《ちいき》です。暑《あつ》い夏《なつ》に冷《つめ》たいそばのようなラーメンを食《た》べたいという要望《ようぼう》から、冷《ひ》やしラーメンは生《う》まれました。冷《ひ》やしラーメン発祥《はっしょう》の店《みせ》として知《し》られているのが、1948年創業《ねんそうぎょう》の「栄《さかえ》屋本店《やほんてん》」です。「栄屋本店《さかえやほんてん》」の初代店主《しょだいてんしゅ》が試《し》行錯誤《こうさくご》の末《すえ》に開発《かいはつ》した冷《ひ》やしラーメンには、中《ちゅう》太《ぶと》のストレート麺《めん》と、氷《こおり》が浮《う》かんだ醤油味《しょうゆあじ》のスープが使《つか》われています。

⑭ 酒田《さかた》ラーメン/山形県《やまがたけん》

大正時代《たいしょうじだい》に最初《さいしょ》の店《みせ》がオープンして以来《いらい》、酒《さか》田市《たし》には多《おお》くのラーメン店《てん》があります。酒田《さかた》ラーメンの特徴《とくちょう》は、魚介系《ぎょかいけい》の出汁《だし》を使《つか》った醤油味《しょうゆあじ》のスープです。麺《めん》は、スープがからみやすい中細《ちゅうぼそ》ちぢれ麺《めん》がよく使用《しよう》されています。市内《しない》にある酒田《さかた》ラーメン店《てん》の8割《わり》が自家製麺《じかせいめん》を使用《しよう》しており、自家《じか》製麺率《せいめんりつ》が日本一《にほんいち》であることも特徴《とくちょう》のひとつです。具材《ぐざい》はワンタンが主流《しゅりゅう》で、ふんわりとろとろの食《しょっ》感《かん》が楽《たの》しめます。

※画像《がぞう》はイメージです。

15 からみそラーメン/山形県《やまがたけん》

　山形《やまがた》生《う》まれのからみそラーメンは、もともとは醤《しょう》油《ゆ》ラーメンでしたが、従業員《じゅうぎょういん》が自宅《じたく》に売《う》れ残《のこ》ったスープを持《も》ち帰《かえ》り、味噌《みそ》を入《い》れて食《た》べていたのが起源《きげん》といわれています。中央《ちゅうおう》にからみそが置《お》かれているのが特徴《とくちょう》で、徐々《じょじょ》に溶《と》かして、辛《から》さを調節《ちょうせつ》しながら食《た》べます。

16 とりもつラーメン/山形県《やまがたけん》

　とりもつラーメンは、鶏《とり》ガラ醤油味《しょうゆあじ》のラーメンに鶏《とり》モツ煮込《にこ》みを乗《の》せた、新庄市《しんじょうし》のご当地《とうち》ラーメンです。昔《むかし》は新庄市《しんじょうし》の農家《のうか》の多《おお》くが鶏《とり》を飼《か》っており、鶏《とり》は身近《みぢか》な食材《しょくざい》でした。そのため、新庄《しんじょう》市《し》のラーメンには鶏《とり》ガラが使《つか》われています。鶏《とり》ガラと同様《どうよう》に、鶏《とり》モツも新庄市《しんじょうし》でよく食《た》べられていた食材《しょくざい》です。スープのあっさりとした味《あじ》わいと、よく煮込《にこ》んだモツのうま味《み》が楽《たの》しめる一杯《いっぱい》となっています。

17 鳥中華《とりちゅうか》/山形県《やまがたけん》

　山形県《やまがたけん》はラーメンの消費量《しょうひりょう》で全国《ぜんこく》トップクラスを誇《ほこ》りますが、実《じつ》はラーメン店《てん》よりもそば店《てん》のほうが多《おお》い地域《ちいき》です。鳥中華《とりちゅうか》は、江戸時代創業《えどじだいそうぎょう》の老舗《しにせ》そば店《てん》「天童《てんどう》　手打水車生《てうちすいしゃき》そば」のまかない料理《りょうり》（店員用《てんいんよう》の料理《りょうり》）として生《う》まれました。かつお節《ぶし》を使《つか》ったそばつゆにラーメン用《よう》の中華麺《ちゅうかめん》と鶏肉《とりにく》を入《い》れ、揚《あ》げ玉《だま》をかけていることが特徴《とくちょう》です。そば店発祥《てんはっしょう》のラーメンとして、長《なが》く愛《あい》されています。

18 馬肉《ばにく》チャーシューラーメン/山形県《やまがたけん》

長井市《ながいし》には、古《ふる》くから馬肉《ばにく》を食《た》べる文化《ぶんか》がありました。馬肉《ばにく》チャーシューラーメンは、長井市《ながいし》の伝統《でんとう》を生《い》かしたご当地《とうち》ラーメンです。長井市《ながいし》の老舗《しにせ》ラーメン店《てん》が中心《ちゅうしん》となり、各店《かくてん》が工夫《くふう》をこらした個性豊《こせいゆた》かな馬肉《ばにく》チャーシューラーメンを提供《ていきょう》しています。馬肉《ばにく》のうま味《み》と甘味《あまみ》が溶《と》け込《こ》んだ醤油《しょうゆ》味《あじ》のラーメンに、じっくりと煮込《にこ》んだ味《あじ》の濃《こ》い馬《ば》肉《にく》チャーシューがのっていることが特徴《とくちょう》です。

19 米沢《よねざわ》ラーメン/山形県《やまがたけん》

米沢《よねざわ》ラーメンのはじまりは、関東大震災《かんとうだいしんさい》から逃《のが》れてきた中国人《ちゅうごくじん》の屋台《やたい》だといわれています。その後《ご》、東京《とうきょう》で修業《しゅぎょう》を積《つ》んだ調理人《ちょうりにん》によって、細《ほそ》ちぢれ麺《めん》を使《つか》った米沢《よねざわ》ラーメンが生《う》み出《だ》されました。米沢《よねざわ》ラーメンの特徴《とくちょう》は、多加水細《たかすいほそ》ちぢれ麺《めん》（水《すい》分《ぶん》の多《おお》い細《ほそ》ちぢれ麺《めん》）と、あっさりとした鶏《とり》ガラ醤油《しょうゆ》味《あじ》のスープです。米沢《よねざわ》市の特産品《とくさんひん》・米沢牛《よねざわぎゅう》の骨《ほね》や脂《あぶら》を使用《しよう》した、こってり系《けい》のラーメンを提《てい》供《きょう》する店《みせ》もあります。

20 肉中華《にくちゅうか》/山形県《やまがたけん》

山形県《やまがたけん》の村山地方《むらやまちほう》には、肉《にく》そばという郷土料《きょうどりょう》理《り》があります。鶏出汁《とりだし》の効《き》いた甘《あま》じょっぱいつゆと太《ふと》い麺《めん》、歯《は》ごたえのある親鶏《おやどり》のチャーシューが特《とく》徴《ちょう》です。若鶏《わかどり》ではなく親鶏《おやどり》が使《つか》われているのは、育《そだ》ち切《き》った親鶏《おやどり》を活用《かつよう》するためだといわれています。温《あたた》かい肉《にく》そばと冷《つめ》たい肉《にく》そばがあり、冷《つめ》たい肉《にく》そばは山形県《やまがたけん》河北町《かほくちょう》で生《う》まれました。肉中華《にくちゅうか》は、肉《にく》そばのそばを中華麺《ちゅうかめん》に変《か》えた料理《りょうり》です。肉《にく》そばと同様《どうよう》に、温《あたた》かい肉中華《にくちゅうか》と冷《つめ》たい肉中華《にくちゅうか》があります。

※画像《がぞう》はイメージです。

21 喜多方《きたかた》ラーメン/福島県《ふくしまけん》

喜多方《きたかた》ラーメンは、澄《す》んだ醤油味《しょうゆあじ》のスープと、水分《すいぶん》をたっぷりと含《ふ》んだちぢれ太麺《ふとめん》が特徴《とくちょう》です。喜多方《きたかた》ラーメンをはじめたのは、中国《ちゅうごく》から来日《らいにち》した潘《ばん》さんだといわれています。1924年《ねん》にオープンした潘《ばん》さんの屋台《やたい》は、やがて「源来軒《げんらいけん》」という店《みせ》になりました。

22 白河《しらかわ》ラーメン/福島県《ふくしまけん》

白河市《しらかわし》にラーメンが誕生《たんじょう》したのは1921年《ねん》、「亀源《かめげん》」という店《みせ》がはじまりです。1970年代《ねんだい》に「とら食堂《しょくどう》」の店主《てんしゅ》がラーメンの作《つく》り方《かた》を弟子《でし》たちに伝授《でんじゅ》。白河市内《しらかわしない》に多《おお》くのラーメン店《てん》ができました。白河《しらかわ》ラーメンの特徴《とくちょう》は、職人《しょくにん》が手《て》で作《つく》る中太《ちゅうぶと》のちぢれ麺《めん》。那須連峰《なすれんぽう》のきれいな水《みず》を使《つか》い、鶏《とり》ガラと豚骨《とんこつ》で出汁《だし》をとった醤油味《しょうゆあじ》のスープです。市《し》内《ない》には約《やく》100軒《けん》の店《みせ》があり、職人気質《しょくにんきしつ》の店主《てんしゅ》たちがそれぞれの味《あじ》を追求《ついきゅう》しています。

23 郡山《こおりやま》ブラックラーメン/福島県《ふくしまけん》

あっさりとした喜多方《きたかた》ラーメンや白河《しらかわ》ラーメンとは異《こと》なり、郡山市《こおりやまし》には濃《こ》い醤油《しょうゆ》ダレのスープを使ったラーメンもあります。スープの色《いろ》が真《ま》っ黒《くろ》に見《み》えるため、この名前《なまえ》がつきました。郡山《こおりやま》ブラックラーメンのはじまりは、大正時代《たいしょうじだい》に「ますや食堂《しょくどう》」が提供《ていきょう》を開始《かいし》した中華《ちゅうか》そばだといわれています。2024年《ねん》には、文化庁《ぶんかちょう》から100年《ねん》フード（世代《せだい》を超《こ》えて愛《あい》される食文化《しょくぶんか》）に認定《にんてい》されました。

24 会津野沢宿味噌《あいづのざわしゅくみそ》ラーメン/福島県《ふくしまけん》

　会津野沢宿味噌《あいづのざわしゅくみそ》ラーメンの具材《ぐざい》は、地元産《じもとさん》の野菜《やさい》と豚《ぶた》ひき肉《にく》です。じっくりと煮込《にこ》まれた野菜《やさい》と豚肉《ぶたにく》のうま味《み》が、味噌味《みそあじ》のスープに溶《と》け込《こ》んでいます。麺《めん》はちぢれ麺《めん》で、スープがよくからむことが特徴《とくちょう》です。会津野沢宿味噌《あいづのざわしゅくみそ》ラーメンの発祥《はっしょう》の地《ち》・西会津町《にしあいづまち》は、昔《むかし》から味噌《みそ》ラーメンを提供《ていきょう》する店《みせ》が多《おお》い地域《ちいき》でした。地域《ちいき》に根付《ねづ》いた味噌《みそ》ラーメンをベースに、各店《かくてん》が工夫《くふう》をこらしたアレンジを加《くわ》えています。

関東《かんとう》

1 スタミナラーメン/茨城県《いばらぎけん》

　ひたちなか市《し》発祥《はっしょう》のスタミナラーメンは、茨城《いばらき》県《けん》を代表《だいひょう》するご当地《とうち》ラーメンです。熱々《あつあつ》で具《ぐ》だくさんの甘辛《あまから》いあんを、もちもちとした太麺《ふとめん》にのせています。あんをラーメンにのせる「ホット」と、冷水《れいすい》でしめた麺《めん》にのせる「冷《ひ》やし」の2種類《しゅるい》があります。スタミナラーメンの特徴《とくちょう》は、具材《ぐざい》にレバーや野菜《やさい》が使《つか》われていることです。野菜《やさい》はキャベツやカボチャが主流《しゅりゅう》ですが、店《みせ》ごとに違《ちが》った味《あじ》わいを楽《たの》しめます。

2 水戸藩《みとはん》らーめん/茨城県《いばらぎけん》

「日本《にほん》で最初《さいしょ》にラーメンを食《た》べたのは水戸藩主《みとはんしゅ》・徳川光圀《とくがわみつくに》である」という言《い》い伝《つた》えがあり、水戸市《みとし》の方々《かたがた》が調査《ちょうさ》を重《かさ》ね、光圀《みつくに》が食《た》べたラーメンを再現《さいげん》したものが水戸藩《みとはん》らーめんです。1993年《ねん》から町《まち》おこしの一環《いっかん》として売《う》り出《だ》されています。麺《めん》にレンコンの粉《こな》を練《ね》り込《こ》むことと、ニラ・ラッキョウ・ネギ・ニンニク・生姜《しょうが》の5つの薬味《やくみ》を添《そ》えることが特徴《とくちょう》です。レンコンの粉《こな》を練《ね》り込《こ》んだ麺《めん》は、ぷりぷりとした食感《しょっかん》が楽《たの》しめます。

※画像《がぞう》はイメージです。

3 下館《しもだて》ラーメン/茨城県《いばらきけん》

下館《しもだて》ラーメンは、茨城県筑西市《いばらきけんちくせいし》の中心地《ちゅうしんち》・下《しも》館駅周辺《だてえきしゅうへん》のご当地《とうち》ラーメンです。下館《しもだて》ラーメンが流行《はや》りはじめた頃《ころ》は戦争《せんそう》が終《お》わって間《ま》もない時《じ》期《き》で、豚《ぶた》は貴重《きちょう》な食材《しょくざい》でした。そのため、具材《ぐざい》は鶏《とり》チャーシューが主流《しゅりゅう》です。スープは鶏《とり》ベースの濃口醤油味《こいくちじょうゆあじ》です。チャーシューに使《つか》われる部位《ぶい》やほかの具材《ぐざい》は、店舗《てんぽ》によって異《こと》なります。

4 佐野《さの》ラーメン/栃木県《とちぎけん》

佐野《さの》ラーメンのはじまりは大正時代《たいしょうじだい》です。佐野《さの》駅近《えきちか》くで働《はたら》いていた中国人《ちゅうごくじん》シェフが、佐野《さの》にラーメンを伝《つた》えたといわれています。ラーメンは多《おお》くの方《かた》から愛《あい》されるようになり、昭和初期《しょうわしょき》には市内《しない》に160ものラーメン店《てん》がありました。佐野《さの》ラーメンの特徴《とくちょう》は、あっさりした醤油味《しょうゆあじ》のスープと、コシのある平打《ひらう》ちちぢれ麺《めん》です。麺《めん》は青竹《あおだけ》で打《う》って作《つく》られています。栃木県《とちぎけん》を代表《だいひょう》するご当地《とうち》ラーメンです。

5 東毛手延《とうもうての》べラーメン/群馬県《ぐんまけん》

桐生市《きりゅうし》・太田市《おおたし》・館林市《たてばやしし》を中心《ちゅうしん》とする群馬《ぐんま》県東毛地区《けんとうもうちく》のご当地《とうち》ラーメンです。「手延《ての》べ」とは、製麺機《せいめんき》や包丁《ほうちょう》を使《つか》わずに、生地《きじ》を手《て》で伸《の》ばして麺《めん》を作《つく》ることをいいます。そうめんやうどんの麺《めん》を作《つく》る際《さい》に、よく使《つか》われる技術《ぎじゅつ》です。東毛地《とうもうち》区《く》は小麦《こむぎ》の産地《さんち》で、うどんなどの小麦製品《こむぎせいひん》を食《た》べる文化《ぶんか》が根付《ねづ》いています。小麦《こむぎ》から作《つく》られるラーメンもまた、地元《じもと》の方々《かたがた》から愛《あい》されている料理《りょうり》です。

6 竹岡式《たけおかしき》ラーメン/千葉県《ちばけん》

竹岡式《たけおかしき》ラーメンは、千葉県富津市《ちばけんふっつし》の竹岡地域《たけおかちいき》を発祥《はっしょう》とするご当地《とうち》ラーメンです。具材《ぐざい》はたまねぎとチャーシューが基本《きほん》です。特徴的《とくちょうてき》な黒《くろ》いスープは、チャーシューを煮込《にこ》んだ醤油《しょうゆ》ダレをお湯《ゆ》で割《わ》って作《つく》っています。豚《ぶた》のうま味《み》と甘味《あまみ》が溶《と》け込《こ》んだ、濃《こ》い醤油味《しょうゆあじ》のラーメンです。

7 勝浦《かつうら》タンタンメン/千葉県《ちばけん》

千葉県勝浦市《ちばけんかつうらし》にある食堂《しょくどう》「江《え》ざわ」が考案《こうあん》したメニューです。タンタンメンといえばゴマ味《あじ》をイメージしますが、勝浦《かつうら》タンタンメンには芝麻醤《チーマージャン》（すりゴマと油《あぶら》を混《ま》ぜてペースト状《じょう》にした調味料《ちょうみりょう》）が使《つか》われていません。鶏《とり》・豚《ぶた》・魚介《ぎょかい》でだしをとった醤油味《しょうゆあじ》のスープに、ラー油《ゆ》で炒《いた》めたたまねぎがのっています。ラー油《ゆ》はスープにもたっぷりと浮《う》かんでいて、スープの表面《ひょうめん》が真《ま》っ赤《か》になるほどです。

8 アリランラーメン/千葉県《ちばけん》

アリランラーメンは、千葉県長生郡《ちはけんちょうせいぐん》にある「八平《はちへい》の食堂《しょくどう》」で生《う》まれました。アリランは、朝鮮半島《ちょうせんはんとう》の伝説《でんせつ》に登場《とうじょう》する峠《とうげ》の名前《なまえ》です。山《やま》を越《こ》えるための元気《げんき》がでるラーメンをイメージして、この名前《なまえ》が付《つ》けられました。スープは濃《こ》い茶色《ちゃいろ》をした醤油味《しょうゆあじ》で、豚肉《ぶたにく》やたまねぎ、ニラ、ニンニクなどをいためたものがのっています。アリランラーメンを提供《ていきょう》している店《みせ》は少《すく》なく、そのエリアでしか食《た》べられません。

※画像《がぞう》はイメージです。

9 船橋《ふなばし》ソースラーメン/千葉県《ちばけん》

ラーメンのスープは醤油味《しょうゆあじ》・味噌味《みそあじ》・塩味《しおあじ》が一般的《いっぱんてき》ですが、船橋《ふなばし》ソースラーメンはソース味《あじ》が特徴《とくちょう》です。かつて船橋駅近《ふなばしえきちか》くにあった「花蝶《はなちょう》」という中華料理店《ちゅうかりょうりてん》が、ソース焼《や》きそばをヒントにして考案《こうあん》しました。スープがソース味《あじ》であることのほかに、船橋《ふなばし》ソースラーメンのきまりはありません。麺《めん》や具材《ぐざい》は自由《じゆう》です。船橋市《ふなばしし》では、さまざまな店《みせ》で工夫《くふう》をこらした船橋《ふなばし》ソースラーメンを提供《ていきょう》しています。

10 スタミナラーメン/埼玉県《さいたまけん》

さいたま市発祥《しはっしょう》のご当地《とうち》ラーメンで、ソウルフードとして親《した》しまれています。スタミナラーメンの特徴《とくちょう》は、ニラ・ひき肉《にく》、豆板醤《トウバンジャン》などがたっぷり入《はい》った辛口《からくち》あんがかかっていることです。スープは醤油味《しょうゆあじ》が主流《しゅりゅう》です。スタミナラーメンのあんをご飯《はん》にかけた「スタカレー」も、人気《にんき》のあるメニューです。

11 豆腐《とうふ》ラーメン/埼玉県《さいたまけん》

豆腐《とうふ》ラーメン発祥《はっしょう》の地《ち》は、さいたま市岩槻区《しいわつきく》にある「レストラン大手門《おおてもん》」です。1970年《ねん》にまかない料理《りょうり》として生《う》まれ、正式《せいしき》なメニューに加《くわ》えたところ、多《おお》くの方《かた》から愛《あい》されるようになりました。麻婆豆腐《まーぼーどうふ》のような見《み》た目《め》のあんが、細《ほそ》ちぢれ麺《めん》にかかっていることが特徴《とくちょう》です。同《おな》じさいたま市《し》のご当地《とうち》ラーメンでも、あんがピリッと辛《から》いスタミナラーメンとは異《こと》なり、豆腐《とうふ》ラーメンのあんはあっさりとした味《あじ》になっています。

12 東京《とうきょう》ラーメン/東京都《とうきょうと》

かつて浅草《あさくさ》には、日本《にほん》のラーメン専門店《せんもんてん》の草《くさ》分《わ》けといわれる「来々軒《らいらいけん》」がありました。東京《とうきょう》ラーメンは、「来々軒《らいらいけん》」の味《あじ》をルーツとするラーメンです。伝統《でんとう》を引《ひ》き継《つ》ぎながらも各店《かくてん》が工夫《くふう》を重《かさ》ね、さまざまな派生形《はせいけい》が生《う》まれています。東京《とうきょう》ラーメンの特徴《とくちょう》は、あっさりとした醤油味《しょうゆあじ》のスープと、細《ほそ》ちぢれ麺《めん》です。標準的《ひょうじゅんてき》な醤油《しょうゆ》ラーメンのスタイルとして知《し》られています。

13 荻窪《おぎくぼ》ラーメン/東京都《とうきょうと》

戦後《せんご》まもない時期《じき》、荻窪駅前《おぎくぼえきまえ》にはいくつかのラーメン屋台《やたい》がありました。荻窪《おぎくぼ》ラーメンは、この屋《や》台《たい》がルーツのご当地《とうち》ラーメンです。屋台《やたい》の店主《てんしゅ》の多《おお》くは、そばの名産地《めいさんち》である長野県《ながのけん》の出身《しゅっしん》でした。そのため、スープの出汁《だし》にかつお節《ぶし》や煮干《にぼ》しを使《つか》うなど、そば作《づく》りの技法《ぎほう》が生《い》かされています。なお、東京《とうきょう》ではじめてラーメンに煮玉子《にたまご》をトッピングしたことで知《し》られる「漢珍亭《かんちんてい》」も、荻窪《おぎくぼ》にありました。

14 油《あぶら》そば/東京都《とうきょうと》

ゆでた中華麺《ちゅうかめん》を醤油《しょうゆ》ダレなどであえた、スープを使《つか》わない麺料理《めんりょうり》です。チャーシュー・メンマ・ネギなどがのっていることもあります。1950年代《ねんだい》に東京《とうきょう》の多摩地域《たまちいき》で生《う》まれました。発祥《はっしょう》の店《みせ》は、諸説《しょせつ》があり、はっきりとわかっていません。東京《とうきょう》の中央線沿線《ちゅうおうせんえんせん》に多《おお》くの店《みせ》がありますが、人気《にんき》が高《たか》まるにつれて、各地《かくち》で食《た》べられるようになりました。

※画像《がぞう》はイメージです。

15 つけ麺《めん》/東京都《とうきょうと》

つけ麺《めん》は「東池袋大勝軒《ひがしいけぶくろたいしょうけん》」の初代店主《しょだいてんしゅ》である山岸一雄《やまぎしかず お》氏《し》によって、「特製《とくせい》もりそば」という名《な》前《まえ》で考案《こうあん》されました。通常《つうじょう》のラーメンと違《ちが》い、麺《めん》とスープが別々《べつべつ》の器《うつわ》で提供《ていきょう》され、麺《めん》をスープに浸《ひた》して食《た》べるのが特徴《とくちょう》です。スープは通常《つうじょう》のラーメンより濃厚《のうこう》で、麺《めん》は冷水《れいすい》でしめられているため、しっかりとしたコシがあります。温《あたた》かい麺《めん》（あつもり）で食《た》べたり、冷《つめ》たい麺《めん》を冷《つめ》たい汁《しる》に浸《ひた》して食《た》べるつけ麺《めん》もあります。

16 八王子《はちおうじ》ラーメン/東京都《とうきょうと》

八王子《はちおうじ》ラーメンは刻《きざ》みたまねぎがのったラーメンです。ほかにも「醤油《しょうゆ》ベースのタレであること」「表面《ひょうめん》をラードが覆《おお》っていること」という特徴《とくちょう》があります。ラードを使用《しよう》するのは、たまねぎの辛味《からみ》を抑《おさ》え、甘味《あまみ》を引《ひ》き立《た》てるためです。

17 背脂《せあぶら》ラーメン/東京都《とうきょうと》

背脂《せあぶら》ラーメンの元祖《がんそ》として知《し》られるのが、「ホープ軒本舗《けんほんぽ》」です。1935年《ねん》に錦糸堀《きんしぼり》（墨田区《すみだく》錦《きん》糸町《しちょう》）で屋台《やたい》としてスタートし、現在《げんざい》は都内《とない》・吉《きち》祥寺《じょうじ》に店舗《てんぽ》を構《かま》えています。「ホープ軒本舗《けんほんぽ》」の背脂《せあぶら》ラーメンは、豚骨《とんこつ》と野菜《やさい》ベースの醤油味《しょうゆあじ》のスープと、スープがよくからむちぢれ麺《めん》が特徴《とくちょう》です。「ホープ軒本舗《けんほんぽ》」は屋台《やたい》の貸《か》し出《だ》しも行《おこな》っていました。貸《か》し屋台《やたい》で修業《しゅぎょう》を積《つ》み、背脂《せあぶら》ラーメンを提供《ていきょう》している店《みせ》も多《おお》くあります。

18 家系《いえけい》ラーメン/神奈川県《かながわけん》

家系《いえけい》ラーメンの特徴《とくちょう》は、濃厚《のうこう》な豚骨《とんこつ》醤油《しょうゆ》味《あじ》のスープと、コシのある太麺《ふとめん》です。1974年《ねん》に横浜《よこはま》市《し》にオープンしたラーメン店《てん》「吉村家《よしむらや》」が元祖《がんそ》であり､総本山《そうほんざん》と呼《よ》ばれています。「家系《いえけい》ラーメン」という呼《よ》び名《な》は、もともと「吉村家《よしむらや》」や弟子《でし》たちが「◯◯家《や》」と付《つ》けたことから呼《よ》ばれるようになりました。家系《いえけい》ラーメンの人気《にんき》が高《たか》まるにつれて、独自《どくじ》に家系《いえけい》を名乗《なの》る店《みせ》も増《ふ》えています。

19 サンマーメン/神奈川県《かながわけん》

サンマーメンを漢字《かんじ》で書《か》くと「生馬麺《サンマーメン》」となります。新鮮《しんせん》でシャキシャキした具《ぐ》がのった麺料理《めんりょうり》という意味《いみ》です。その名《な》のとおり、サンマーメンにはもやしやニラ、白菜《はくさい》などの野菜《やさい》がたっぷり入《はい》ったあんがのっています。肉《にく》と野菜《やさい》が使《つか》われたあんがのっていること以外《いがい》に、サンマーメンのきまりはありません。店《みせ》ごとに特色《とくしょく》のあるサンマーメンが味《あじ》わえますが、スープは醤油味《しょうゆあじ》が一般的《いっぱんてき》です。

20 ニュータンタンメン/神奈川県《かながわけん》

もちもちとした麺《めん》と豚《ぶた》ガラ塩味《しおあじ》ベースのスープを使用《しよう》した、川崎市《かわさきし》のご当地《とうち》ラーメンです。「溶《と》き卵《たまご》タンタンメン」と呼《よ》ばれることもあります。ニンニクや唐辛子《とうがらし》がたっぷりと使《つか》われたピリッと辛《から》いスープに、溶《と》き卵《たまご》を加《くわ》えていることが特徴《とくちょう》です。「元祖《がんそ》ニュータンタンメン本舗《ほんぽ》」が考案《こうあん》しました。担々麺《たんたんめん》をアレンジしたメニューであるため、この名前《なまえ》がついています。

※画像《がぞう》はイメージです。

21 三崎《みさき》まぐろラーメン/神奈川県《かながわけん》

三浦市《みうらし》にある三崎港《みさきこう》は、まぐろの水揚《みずあ》げ量《りょう》が国内《こくない》トップクラスです。まぐろ丼《どん》やまぐろコロッケなど、新鮮《しんせん》なまぐろをたっぷりと使《つか》ったメニューが開《かい》発《はつ》され、名物《めいぶつ》となっています。三崎《みさき》まぐろラーメンは「三浦中華料理研究会《みうらちゅうかりょうりけんきゅうかい》」が考案《こうあん》したご当地《とうち》ラーメンです。スープにまぐろ出汁《だし》が使《つか》われていたり、まぐろの揚《あ》げ物《もの》や刺身《さしみ》がトッピングされていたりと、店《みせ》ごとに異《こと》なるアレンジを楽《たの》しめます。

22 神奈川淡麗系《かながわたんれいけい》/神奈川県《かながわけん》

1999年創業《ねんそうぎょう》の「中村屋《なかむらや》」のラーメンは、透《とう》明度《めいど》の高《たか》いスープが特徴《とくちょう》です。「中村屋《なかむらや》」のような　澄《す》んだスープを使用《しよう》したラーメンを、神奈川《かながわ》淡麗系《たんれいけい》と呼《よ》びます。淡麗《たんれい》とは、味《あじ》わいがすっきりとしてクセがないことをいい、本来《ほんらい》は日本酒《にほんしゅ》の味《あじ》を説明《せつめい》する言葉《ことば》です。スープの透明感《とうめいかん》とすっきりとした味《あじ》わいを「淡麗《たんれい》」に見立《みた》てて使用《しよう》しています。なお、ザルを高《たか》く揚《あ》げる湯切《ゆき》りをする「天空落《てんくうお》とし」も、「中村屋《なかむらや》」発祥《はっしょう》です。

中部《ちゅうぶ》

1 新潟《にいがた》あっさり醤油《しょうゆ》ラーメン/新潟県《にいがたけん》

新潟《にいがた》あっさり醤油《しょうゆ》ラーメンは、新潟市《にいがたし》の「新《にい》潟島《がたじま》」と呼《よ》ばれるエリアにルーツがあるといわれています。新潟島《にいがたじま》には、昭和《しょうわ》50年頃《ねんごろ》まで堀《ほり》が張《は》りめぐされており、その堀沿《ほりぞ》いに立《た》ち並《なら》ぶ屋台《やたい》で誕生《たんじょう》したといわれています。店《みせ》によって異《こと》なりますが、極細麺《ごくぼそめん》と醤油《しょうゆ》ベースのスープが特徴《とくちょう》です。

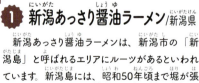

2 新潟《にいがた》濃厚《のうこう》味噌《みそ》ラーメン/新潟県《にいがたけん》

新潟《にいがた》濃厚《のうこう》味噌《みそ》ラーメンは、新潟市《にいがたし》西蒲区《にしかんく》のご当地《とうち》ラーメンです。味《あじ》の調整用《ちょうせいよう》にスープを薄《うす》めるための割《わ》りスープがついていること、野菜《やさい》がたっぷりのっていること、濃厚《のうこう》な味噌味《みそあじ》であることが、新潟《にいがた》濃厚《のうこう》味噌《みそ》ラーメンの特徴《とくちょう》です。こってりした味噌味《みそあじ》に負《ま》けないよう、太麺《ふとめん》が使用《しよう》されています。

3 長岡《ながおか》生姜《しょうが》醤油《しょうゆ》ラーメン/新潟県《にいがたけん》

新潟《にいがた》5大《だい》ラーメンのひとつである長岡《ながおか》生姜《しょうが》醤油《しょうゆ》ラーメンの元祖《がんそ》は、1963年創業《ねんそうぎょう》の「青島食堂《あおしましょくどう》」だといわれています。豚骨《とんこつ》と野菜《やさい》の出汁《だし》を使用《しよう》した、生姜《しょうが》の効《き》いた濃口醤油味《こいくちしょうゆあじ》のスープが特徴《とくちょう》です。生姜《しょうが》を使《つか》っているのは、「豚骨《とんこつ》のくさみを消《け》すため」「身体《からだ》を温《あたた》めるため」という2つの説《せつ》があります。長岡市《ながおかし》で愛《あい》されているスタンダードな味《あじ》であり、ほかの地域《ちいき》にも広《ひろ》がりを見《み》せるご当地《とうち》ラーメンです。

4 燕《つばめ》背脂《せあぶら》ラーメン/新潟県《にいがたけん》

燕《つばめ》背脂《せあぶら》ラーメンの歴史《れきし》は、1933年《ねん》に燕市《つばめし》で開業《かいぎょう》した「福来亭《ふくらいてい》」からはじまりました。煮干《にぼ》しが効《き》いた濃口醤油味《こいくちしょうゆあじ》の濃厚《のうこう》なスープに、背脂《せあぶら》が浮《う》いていることが特徴《とくちょう》です。燕市《つばめし》には工場《こうじょう》が多《おお》く、ラーメンを出前《でまえ》する機会《きかい》が多《おお》くありました。そこで、寒《さむ》い日《ひ》に出前《でまえ》をしても冷《さ》めにくいように背脂《せあぶら》を浮《う》かべ、時間《じかん》が経《た》っても伸《の》びにくい太麺《ふとめん》を使用《しよう》し、工場勤務《こうじょうきんむ》の方《かた》の希望《きぼう》をもとに味《あじ》を濃《こ》くしたといわれています。

※画像《がぞう》はイメージです。

5 三条《さんじょう》っ子《こ》ラーメン/新潟県《にいがたけん》

三条《さんじょう》っ子《こ》ラーメンは、「三条市《さんじょうし》に新《あたら》しい名物《めいぶつ》を作《つく》りたい」と、三条市内《さんじょうしない》にある10軒《けん》のラーメン店《てん》が町《まち》おこしのために開発《かいはつ》しました。三条市《さんじょうし》は古《ふる》くから農業《のうぎょう》が盛《さか》んで、生産品《せいさんひん》のひとつにネギがあります。野菜《やさい》の入《はい》った味噌《みそ》ラーメンに、辛味《からみ》を効《き》かせた斜《なな》め細切《ほそぎ》りの長《なが》ネギを使用《しよう》していることが特徴《とくちょう》です。三条《さんじょう》っ子《こ》ラーメンのきまりは、全店《ぜんてん》で辛《から》いネギを使《つか》うこと。各店《かくてん》がきまりを守《まも》りながら、個性豊《こせいゆた》かな三条《さんじょう》っ子《こ》ラーメンを提供《ていきょう》しています。

6 三条《さんじょう》カレーラーメン/新潟県《にいがたけん》

新潟《にいがた》5大《だい》ラーメンのひとつです。スープがカレー味《あじ》になっているタイプと、ラーメンにカレーが乗《の》っているタイプがあります。三条《さんじょう》カレーラーメンの歴史《れきし》は古《ふる》く、戦前《せんぜん》から食《た》べられていたといわれています。三条市《さんじょうし》で働《はたら》く職人《しょくにん》の出前《でまえ》の定番《ていばん》であり、お酒《さけ》のシメ（最後《さいご》に食《た》べるもの）としても愛《あい》されてきました。近年《きんねん》は、冷《ひ》やしカレーラーメンやカレーつけ麺《めん》といったアレンジメニューも生《う》まれています。

7 富山《とやま》ブラックラーメン/富山県《とやまけん》

富山《とやま》ブラックラーメンの特徴《とくちょう》は、黒胡椒《くろこしょう》をたっぷりと入《い》れた濃《こ》い醤油味《しょうゆあじ》のスープです。富山市《とやまし》は、終戦《しゅうせん》の直前《ちょくぜん》に大規模《だいきぼ》な空襲《くうしゅう》を受《う》けました。戦後《せんご》は復興《ふっこう》を目指《めざ》して肉体労働《にくたいろうどう》に従事《じゅうじ》する方《かた》が多《おお》く、塩分補給《えんぶんほきゅう》のため、またおにぎりのおかずにするために、味《あじ》が濃《こ》くなったといわれています。近年《きんねん》、特徴的《とくちょうてき》な見《み》た目《め》がインターネットなどで話題《わだい》となり、市外《しがい》でも食《た》べられるようになりました。

8 敦賀《つるが》ラーメン/福井県《ふくいけん》

1950年代《ねんだい》、敦賀駅前《つるがえきまえ》には多《おお》くの屋台《やたい》が並《なら》び、駅《えき》の利用者《りようしゃ》や職員《しょくいん》から親《した》しまれていました。敦賀《つるが》ラーメンは屋台《やたい》がルーツのご当地《とうち》ラーメンで、豚《とん》骨《こつ》と鶏《とり》ガラを使《つか》った濃厚《のうこう》スープが特徴《とくちょう》です。現《げん》在《ざい》でも、敦賀市《つるがし》の国道《こくどう》8号線沿《ごうせんぞ》いには屋台《やたい》が立《た》ち並《なら》び、地域《ちいき》の方《かた》だけでなくトラックドライバーからも人気《にんき》を集《あつ》めています。敦賀《つるが》ラーメンの元祖《がんそ》をうたう「中華《ちゅうか》そば一力《いちりき》」は、『ミシュランガイド北《はく》陸《りく》2021特別版《とくべつばん》』に掲載《けいさい》されました。

9 安養寺《あんようじ》ラーメン/長野県《ながのけん》

長野県佐久市《ながのけんさくし》で2008年《ねん》に開発《かいはつ》されたご当地《とうち》ラーメンです。佐久市《さくし》には、地元産《じもとさん》の大豆《だいず》を使《し》用《よう》した「安養寺《あんようじ》みそ」という特産品《とくさんひん》があります。そのため、安養寺《あんようじ》みそをたっぷりと使用《しよう》した味噌《みそ》味《あじ》のスープが特徴《とくちょう》です。味噌《みそ》ダレに安養寺《あんようじ》みそを80％以上使用《いじょうしよう》することが安養寺《あんようじ》ラーメンのきまりですが、それ以外《いがい》のきまりはありません。各店《かくてん》が味噌《みそ》の味《あじ》わいを生《い》かした、個性豊《こせいゆた》かなラーメンを提供《ていきょう》しています。

10 王様中華《おうさまちゅうか》そば/長野県《ながのけん》

長野市《ながのし》には、2010年《ねん》まで「光蘭《こうらん》」というラーメン店《てん》がありました。王様中華《おうさまちゅうか》そばは、42年間《ねんかん》地元《じもと》で愛《あい》された「光蘭《こうらん》」に敬意《けいい》を込めて、2012年《ねん》に信州麺友会《しんしゅうめんゆうかい》が復活《ふっかつ》したメニューです。「光《こう》蘭《らん》」の味《あじ》が再現《さいげん》されています。王様中華《おうさまちゅうか》そばの特《とく》徴《ちょう》は、鶏《とり》ガラの澄《す》んだスープが使《つか》われていること、黒胡椒《くろこしょう》が入《はい》っていること、海苔《のり》・チャーシュー・メンマ・ざく切《ぎ》りのネギがトッピングされていることの3つです。

※画像《がぞう》はイメージです。

11 ローメン/長野県《ながのけん》

ローメンは長野県《ながのけん》伊那市《いなし》のご当地麺《とうちめん》です。正《せい》式名称《しきめいしょう》は炒肉麺《チャーローメン》ですが、チャーを省略《しょうりゃく》してローメンと呼《よ》ばれるようになりました。冷蔵庫《れいぞうこ》が珍《めずら》しい時《じ》代《だい》に開発《かいはつ》されたため、蒸《む》し麺《めん》・塩漬《しおづ》け羊肉《ひつじにく》・地《じ》元産《もとさん》キャベツといった日持《ひも》ちする食材《しょくざい》が使用《しよう》されていることが特徴《とくちょう》です。スープをかける汁《しる》ありタイプと、焼《や》きそばのような汁《しる》なしタイプの2種類《しゅるい》があります。

12 高山《たかやま》ラーメン/岐阜県《ぎふけん》

高山《たかやま》ラーメンの考案者《こうあんしゃ》は、高山市《たかやまし》の料理人《りょうりにん》・坂口《さかぐち》さんという方《かた》です。修行時代《しゅぎょうじだい》に東京《とうきょう》で覚《おぼ》えた中華麺《ちゅうかめん》の作《つく》り方《かた》を生《い》かし、1938年《ねん》に屋台《やたい》を開《ひら》きました。坂口《さかぐち》さんは多《おお》くの店《みせ》に作《つく》り方《かた》を教《おし》えていたため、現在《げんざい》は市内各地《しないかくち》で高山《たかやま》ラーメンが提供《ていきょう》されています。高山《たかやま》ラーメンの特徴《とくちょう》は、醤油《しょうゆ》ダレと一緒《いっしょ》に煮込《にこ》んだスープと、低加水《ていかすい》のちぢれ麺《めん》です。そこに、バラ肉《にく》チャーシューと地元産《じもとさん》の刻《きざ》みネギが乗《の》っています。

13 溶《と》き味噌《みそ》ラーメン/静岡県《しずおかけん》

溶《と》き味噌《みそ》ラーメンの特徴《とくちょう》は、澄《す》んだスープとそうめんのような細麺《ほそめん》が使《つか》われていること、そして自《じ》分《ぶん》の好《す》きなタイミングで味噌《みそ》を入《い》れられることです。味噌《みそ》を入《い》れずにラーメンを楽《たの》しんだあと、好《す》きな濃《こ》さになるように味噌《みそ》を溶《と》き、味《あじ》の変化《へんか》を楽《たの》しむことができます。トッピングは、ネギ・チャーシュー・ゴマ・いためたもやしが主流《しゅりゅう》です。

14 志太系《しだけい》ラーメン/静岡県《しずおかけん》

　静岡県中西部《しずおかけんちゅうせいぶ》にある島田市《しまだし》、焼津市《やいづし》、藤枝市《ふじえだし》などの4市《し》2町《ちょう》を、志太榛原地域《しだはいばらちいき》と呼《よ》びますが、志太系《しだけい》ラーメンは、藤枝市《ふじえだし》で生《う》まれたご当地《とうち》ラーメンです。油《あぶら》の少《すく》ない、あっさりとした醤油味《しょうゆあじ》のスープが使《つか》われています。味《あじ》だけでなく、「朝《あさ》ラー」も志太系《しだけい》ラーメンの特徴《とくちょう》のひとつです。早朝《そうちょう》に働《はたら》く農業関係者《のうぎょうかんけいしゃ》も食《た》べられるよう、朝《あさ》からラーメンの提供《ていきょう》を開始《かいし》しています。

15 台湾《たいわん》ラーメン/愛知県《あいちけん》

　台湾《たいわん》の担仔麺《タンツーめん》を激辛《げきから》ラーメンにアレンジし、「台湾《たいわん》ラーメン」と名《な》付《づ》けられた名古屋《なごや》のご当地《とうち》ラーメン。ニンニクや唐辛子《とうがらし》をたっぷりと使用《しよう》していることが特徴《とくちょう》です。ほかにも具材《ぐざい》はニラやもやしなどが使《つか》われていて、スープは鶏《とり》ガラベースのスープです。

16 台湾《たいわん》まぜそば/愛知県《あいちけん》

　台湾《たいわん》まぜそばは、卵黄《らんおう》、台湾《たいわん》ミンチ、魚粉《ぎょふん》、ニンニク、ネギ、刻《きざ》んだ生《なま》ニラ、刻《きざ》んだ海苔《のり》がゆでた麺《めん》にトッピングされていて、混《ま》ぜて麺《めん》にからませながら食《た》べます。考案《こうあん》したのは「麺屋《めんや》はなび」の店主《てんしゅ》・新山《にいやま》さんです。台湾《たいわん》ラーメンを作《つく》ろうと台湾《たいわん》ミンチを作《つく》ったところ、当時《とうじ》のスープと合《あ》わず失敗《しっぱい》。ところが、ゆで上《あ》げたばかりの麺《めん》と台湾《たいわん》ミンチを合《あ》わせたところ、意外《いがい》にもおいしいことを発見《はっけん》。その後《ご》、試行錯誤《しこうさくご》の末《すえ》に誕生《たんじょう》しました。

※画像《がぞう》はイメージです。

17 好来系《こうらいけい》ラーメン/愛知県《あいちけん》

その名《な》のとおり、「好来《こうらい》」(現好来道場《げんこうらいどうじょう》)というラーメン店《てん》で生《う》まれたラーメンです。愛知県名古屋《あいちけんなごや》市《し》を中心《ちゅうしん》に、各地《かくち》に好来出身者《こうらいしゅっしんしゃ》の店《みせ》があります。好来系《こうらいけい》ラーメンの特徴《とくちょう》は、たまねぎ・ニンジン・ニンニク・根菜類《こんさいるい》など野菜《やさい》を多《おお》く使《つか》っていることです。豚骨《とんこつ》・鶏《とり》ガラ・ムロアジといった動物系《どうぶつけい》の材料《ざいりょう》と組《く》み合《あ》わせ、あっさりとしたスープに仕《し》上《あ》げています。高麗人参酢《こうらいにんじんず》を用意《ようい》している店《みせ》が多《おお》く、スープにまろやかさを加《くわ》えられます。

18 ベトコンラーメン/愛知県《あいちけん》

一宮《いちのみや》市《し》発祥《はっしょう》のラーメンで、「食《た》べたらベストコンディションになるラーメン」を名前《なまえ》の由来《ゆらい》としています。粒《つぶ》の状態《じょうたい》のニンニクを入《い》れた野菜《やさい》いためが、豚骨《とんこつ》と鶏《とり》ガラで出汁《だし》を取《と》ったスープにのっていることが特徴《とくちょう》です。野菜《やさい》いためには、ニラやもやしもたっぷりと使《つか》われています。岐阜県《ぎふけん》にも同《どう》名《めい》のラーメンがありますが、別《べつ》の系統《けいとう》となっています。

19 玉子《たまご》とじラーメン/愛知県《あいちけん》

名古屋《なごや》市《し》中村《なかむら》区《く》にある「萬珍軒《まんちんけん》」が、玉子《たまご》とじラーメンの元祖《がんそ》です。もともとは屋台《やたい》でしたが、1968年頃《ねんごろ》店舗《てんぽ》を構《かま》え、同《おな》じ時期《じき》に玉子《たまご》とじラーメンも誕生《たんじょう》しました。豚骨《とんこつ》と鶏《とり》ガラを使用《しよう》したスープに、ふんわりとした溶《と》き玉子《たまご》が浮《う》いていることが特徴《とくちょう》です。麺《めん》は特別《とくべつ》に作《つく》られた極細麺《ごくほそめん》を使用《しよう》しています。「萬珍軒《まんちんけん》」には玉子《たまご》とじ担々麺《たんたんめん》もあり、玉子《たまご》が苦手《にがて》な方《かた》には玉子《たまご》抜《ぬ》きメニューも提供《ていきょう》可《か》能《のう》です。

関西《かんさい》

1 京都《きょうと》ラーメン/京都府《きょうとふ》

味《あじ》の濃《こ》いスープが特徴《とくちょう》の京都《きょうと》ラーメンには、さまざまなスタイルがあります。京都駅《きょうとえき》の近《ちか》くでは濃《こい》口醤油味《くちしょうゆあじ》の「本家第一旭《ほんけだいいちあさひ》」や銀閣寺《ぎんかくじ》の近《ちか》くでは醤油味《しょうゆあじ》に背脂《せあぶら》を浮《う》かべた「ますたに」、鶏白湯《とりぱいたん》が定番《ていばん》の「天天有《てんてんゆう》」、鶏《とり》がラベースのこってりラーメンが特徴《とくちょう》の「天下一品《てんかいっぴん》」など、市内各地《しないかくち》でさまざまな店《みせ》が京都《きょうと》ラーメンを提供《ていきょう》しています。

2 えきそば/兵庫県《ひょうごけん》

姫路駅《ひめじえき》のホームで提供《ていきょう》されている、和風出汁《わふうだし》に中華麺《ちゅうかめん》が入《はい》っているご当地《とうち》ラーメンです。終戦《しゅうせん》直後《ちょくご》の食《た》べ物《もの》の少《すく》ない時代《じだい》に、こんにゃく粉《こ》とそば粉《こ》を混《ま》ぜてうどん風《ふう》の麺《めん》を作《つく》ったことがはじまりです。伸《の》びやすく腐《くさ》りやすかったため、次第《しだい》に中華麺《ちゅうかめん》を使《つか》うようになりました。姫路駅《ひめじえき》のホームで売《う》られている日本《にほん》そばは、えきそばと区別《くべつ》するために「和《わ》そば」と呼《よ》ばれています。

3 播州《ばんしゅう》ラーメン/兵庫県《ひょうごけん》

西脇市《にしわきし》がある北播磨地域《きたはりまちいき》は、古《ふる》くから織物産業《おりものさんぎょう》（播州織《ばんしゅうおり》）が盛《さか》んな地域《ちいき》です。昭和期《しょうわき》には、大勢《おおぜい》の若《わか》い女性《じょせい》が働《はたら》いていました。播州《ばんしゅう》ラーメンは、西脇市《にしわきし》の織物工場《おりものこうじょう》で働《はたら》く女性労働者《じょせいろうどうしゃ》のために、昭和《しょうわ》30年代《ねんだい》に生《う》み出《だ》されたといわれています。甘味《あまみ》のある醤油味《しょうゆあじ》のスープと、細《ほそ》めのちぢれ麺《めん》が特徴《とくちょう》です。播州《ばんしゅう》ラーメンには共通《きょうつう》のきまりはなく、各店《かくてん》がオリジナルの甘《あま》いスープを開発《かいはつ》しています。

※画像《がぞう》はイメージです。

4 近江《おうみ》ちゃんぽん/滋賀県《しがけん》

近江《おうみ》ちゃんぽんはかつお節《ぶし》や昆布《こんぶ》を使《つか》った和風出汁《わふうだし》のスープに中華麺《ちゅうかめん》を入《い》れ、煮込《にこ》んだ豚肉《ぶたにく》と野菜《やさい》をのせていることが特徴《とくちょう》です。具《ぐ》に魚介類《ぎょかいるい》を使《つか》わないことや、酢《す》を入《い》れて食《た》べることも、特徴《とくちょう》として挙《あ》げられます。ちゃんぽん麺《めん》を使《つか》う長崎《ながさき》ちゃんぽんや、とろみのある山陰《さんいん》ちゃんぽんとはまた異《こと》なる、滋賀県《しがけん》オリジナルのちゃんぽんです。

5 天理《てんり》ラーメン/奈良県《ならけん》

奈良県天理市《ならけんてんりし》のご当地《とうち》ラーメンです。スープや具材《ぐざい》は店《みせ》によって異《こと》なりますが、辣醤《ラージャン》や豆板醤《トウバンジャン》、ニンニクなどを加《くわ》え、辛口《からくち》に仕上《しあ》げています。そこに、たっぷりの白菜《はくさい》をトッピングしていることが特徴《とくちょう》です。1968年創業《ねんそうぎょう》の「彩華《さいか》ラーメン」と1980年創業《ねんそうぎょう》の「天理《てんり》スタミナラーメン」の2店《てん》が天理《てんり》ラーメンの代表格《だいひょうかく》として有名《ゆうめい》です。

6 高井田系《たかいだけい》ラーメン/大阪府《おおさかふ》

人気《にんき》ラーメン店《てん》の「光洋軒《こうようけん》」と「住吉《すみよし》」が、どちらも高井田《たかいだ》バス停《てい》の近《ちか》くにあったことにちなんで名付《なづ》けられました。濃《こ》い醤油味《しょうゆあじ》のスープと極太《ごくぶと》麺《めん》を使《つか》っていること、朝《あさ》から営業《えいぎょう》している店《みせ》が多《おお》いことが特徴《とくちょう》です。高井田系《たかいだけい》ラーメンが食《た》べられている大阪市東部《おおさかしとうぶ》や東大阪市西部《ひがしおおさかしせいぶ》は、工場労《こうじょうろう》働者《どうしゃ》の多《おお》い地域《ちいき》でした。労働者《ろうどうしゃ》の口《くち》に合《あ》うよう、また塩分《えんぶん》を補給《ほきゅう》できるよう、少《すこ》しずつ味《あじ》が濃《こ》くなったといわれています。

7 大阪《おおさか》ライト豚骨《とんこつ》/大阪府《おおさかふ》

大阪市《おおさかし》で昔《むかし》から食《た》べられている、定番《ていばん》の味《あじ》ともいえるご当地《とうち》ラーメンです。豚骨《とんこつ》スープが使《つか》われていますが、くさみが少《すく》なく、濃厚《のうこう》すぎないことが特徴《とくちょう》です。豚骨《とんこつ》でありながら、後口《あとくち》がすっきりとしています。大阪《おおさか》ライト豚骨《とんこつ》の味《あじ》を再現《さいげん》したカップラーメンも発売《はつばい》されました。

8 和歌山《わかやま》ラーメン/和歌山県《わかやまけん》

和歌山《わかやま》ラーメンには、白濁《はくだく》した豚骨醤油《とんこつしょうゆ》スープの「井出系《いでけい》」と、澄《す》んだ醤油味《しょうゆあじ》スープの「車庫前系《しゃこまえけい》」の2種類《しゅるい》があります。全国的《ぜんこくてき》に知《し》られているのは「井出系《いでけい》」です。井出系《いでけい》と車庫前系《しゃこまえけい》ではスープの味《あじ》わいは異《こと》なりますが、醤油味《しょうゆあじ》のスープであること、細《ほそ》ストレート麺《めん》を使《つか》っていること、豚《ぶた》バラチャーシュー・メンマ・青《あお》ネギ・かまぼこがトッピングされていることが共通《きょうつう》しています。

中国《ちゅうごく》・四国《しこく》

1 鳥取牛骨《とっとりぎゅうこつ》ラーメン/鳥取県《とっとりけん》

鳥取県中西部《とりとりけんちゅうせいぶ》のご当地《とうち》ラーメンです。1946年《ねん》創業《そうぎょう》のラーメン店《みせ》「満洲味《ますみ》」の店主《てんしゅ》が、戦時中《せんじちゅう》に満州《まんしゅう》で食《た》べた牛骨《ぎゅうこつ》スープをもとに考案《こうあん》したといわれています。鳥取県中西部《とっとりけんちゅうせいぶ》は畜産《ちくさん》が盛《さか》んな地《ち》域《いき》で、牛骨《ぎゅうこつ》は安《やす》く手《て》に入《はい》る食材《しょくざい》でした。牛骨《ぎゅうこつ》で出汁《だし》を取《と》ったスープが鳥取牛骨《とっとりぎゅうこつ》ラーメンの特徴《とくちょう》ですが、タレの味《あじ》や具材《ぐざい》は店《みせ》によってさまざまです。鳥取県中西部《とっとりけんちゅうせいぶ》には多《おお》くの牛骨《ぎゅうこつ》ラーメン店《てん》があり、それぞれ違《ちが》った味《あじ》を楽《たの》しめます。

※画像《がぞう》はイメージです。

2 山陰《さんいん》ちゃんぽん/島根県《しまねけん》

ちゃんぽんと聞《き》くと、ちゃんぽん麺《めん》に野菜《やさい》が乗《の》った麺料理《めんりょうり》を思《おも》い浮《う》かべる方《かた》が多《おお》いのではないでしょうか。チェーン店《てん》の影響《えいきょう》もあり「長崎《ながさき》ちゃんぽん」が全国的《ぜんこくてき》に有名《ゆうめい》ですが、山陰地方《さんいんちほう》にもちゃんぽんがあります。山陰《さんいん》ちゃんぽんの特徴《とくちょう》は、中華麺《ちゅうかめん》に野菜《やさい》たっぷりのあんがかかっていることです。鳥取牛骨《とっとりぎゅうこつ》ラーメンと同様《どうよう》に、牛骨《ぎゅうこつ》で出汁《だし》を取《と》る店《みせ》も少《すく》なくありません。島根県松江市《しまねけんまつえし》のほか、鳥取県米子市《とっとりけんよなごし》でも親《した》しまれています。

3 松江《まつえ》ラーメン/島根県《しまねけん》

松江市《まつえし》の伝統的《でんとうてき》なラーメンは、豚骨清湯《とんこつちんたん》（透明度《とうめいど》の高《たか》い豚骨《とんこつ》スープ）と中細《ちゅうぼそ》ちぢれ麺《めん》を使《つか》い、もやしをトッピングしていることが特徴《とくちょう》です。もやしのほか、チャーシュー・ネギ・メンマなどが乗《の》っています。半《はん》チャンラーメン（半量《はんりょう》のチャーハンと半量《はんりょう》のラーメンのセット）のスタイルで提供《ていきょう》している店《みせ》も少《すく》なくありません。近年《きんねん》は、鶏出汁《とりだし》やあご出汁《だし》、松江市《まつえし》の名産品《めいさんひん》であるシジミの出汁《だし》などを使《つか》ったラーメン店《てん》もオープンしています。

4 岡山《おかやま》ラーメン/岡山県《おかやまけん》

岡山市《おかやまし》でのラーメンの歴史《れきし》は古《ふる》く、市内初《しないはつ》の中華料理店《ちゅうかりょうりてん》は1924年頃《ねんごろ》、ラーメン専門店《せんもんてん》は1930年《ねん》にオープンしたといわれています。市内初《しないはつ》のラーメン専門店《せんもんてん》「百万元《ひゃくまんげん》」では、豚骨《とんこつ》・鶏《とり》ガラ・かつお節《ぶし》・煮干《にぼ》し・昆布《こんぶ》などの出汁《だし》をあわせたスープを使《つか》っていました。岡山《おかやま》ラーメンにはきまりはなく、濃厚豚骨《のうこうとんこつ》、あっさり豚骨《とんこつ》など、個性豊《こせいゆた》かなラーメンが誕生《たんじょう》しています。

5 笠《かさ》岡《おか》ラーメン/岡山県《おかやまけん》

笠岡市《かさおかし》がある井笠地区《いかさちく》は、古《ふる》くから養鶏業《ようけいぎょう》と製麺業《せいめんぎょう》で栄《さか》えていた地域《ちいき》です。そのため笠岡市《かさおかし》周辺《しゅうへん》では、スープやチャーシューに鶏《とり》を使《つか》ったラーメンが戦前《せんぜん》から食《た》べられていました。笠岡《かさおか》ラーメンの特徴《とくちょう》は、鶏《とり》ベースの醤油味《しょうゆあじ》スープとストレート細麺《ほそめん》を使《つか》っていることです。そこに、親鶏《おやどり》を使《つか》ったコリコリした食感《しょっかん》のチャーシューや、ざく切《ぎ》りにしたネギなどがトッピングされています。

6 広《ひろ》島《しま》ラーメン/広島県《ひろしまけん》

広島《ひろしま》ラーメンのルーツは、終戦直後《しゅうせんちょくご》の屋台《やたい》だといわれています。とくに、中国《ちゅうごく》から帰国《きこく》した沖《おき》さんの屋台《やたい》「上海《しゃんはい》」が有名《ゆうめい》です。沖《おき》さんの親族《しんぞく》が創業《そうぎょう》した店《みせ》が、広島《ひろしま》ラーメンの代表格《だいひょうかく》として知《し》られています。広島《ひろしま》ラーメンのスープは豚骨醤油《とんこつしょうゆ》味《あじ》、麺《めん》は中細《ちゅうぼそ》ストレート麺《めん》が主流《しゅりゅう》です。鳥《とり》の名《な》前《まえ》を店名《てんめい》にしている店《みせ》が多《おお》いため、小鳥系《ことりけい》とも呼《よ》ばれています。

7 広《ひろ》島《しま》つけ麺《めん》/広島県《ひろしまけん》

唐辛子《とうがらし》たっぷりの冷《つめ》たく辛《から》いタレと、締《し》めた太《ふと》麺《めん》が特徴《とくちょう》のご当地《とうち》ラーメンです。麺《めん》にはチャーシューとキャベツがのっています。広島《ひろしま》つけ麺《めん》を考《こう》案《あん》したのは、1954年創業《ねんそうぎょう》の「新華園《しんかえん》」です。当初《とうしょ》は「冷麺《れいめん》」という名前《なまえ》の夏季限定《かきげんてい》メニューでしたが、「新華園《しんかえん》」から独立《どくりつ》した「冷《れい》めん家《や》」が1年《ねん》をとおして販売《はんばい》するようになりました。また「流行屋《はやりや》」がつけ麺《めん》と名付《なづ》けたことで、広島《ひろしま》つけ麺《めん》の知名度《ちめいど》が上《あ》がったといわれています。

※画像《がぞう》はイメージです。

8 汁無《しるな》し担々麺《たんたんめん》/広島県《ひろしまけん》

広島市《ひろしまし》にある「きさく」が、2001年《ねん》に販売《はんばい》をはじめました。「きさく」の汁無《しるな》し担々麺《たんたんめん》の特徴《とくちょう》は、少《すこ》しだけスープが入《はい》っていることと、ゴマを使《つか》わないことです。スープは鶏《とり》ガラベースで、醤油《しょうゆ》ダレ・麺《めん》・ひき肉《にく》・青《あお》ネギをしっかりと混《ま》ぜてから食《た》べます。もうひとつの名店《めいてん》「くにまつ」は、「きさく」の味《あじ》に感動《かんどう》した店主《てんしゅ》がはじめた店《みせ》です。「くにまつ」がレシピを公開《こうかい》したことにより、汁無《しるな》し担々《たんたん》麺《めん》が広《ひろ》く知《し》られるようになりました。

9 尾道《おのみち》ラーメン/広島県《ひろしまけん》

尾道《おのみち》ラーメンは、尾道市《おのみちし》を発祥《はっしょう》としたご当地《とうち》ラーメンです。明確《めいかく》な定義《ていぎ》はなく、地元《じもと》ではほとんどのお店《みせ》が「中華《ちゅうか》そば」「ラーメン」という表記《ひょうき》をしており、テレビ番組《ばんぐみ》などから尾道《おのみち》ラーメンという言葉《ことば》が生《う》まれたといわれ、福山市《ふくやまし》の珍味《ちんみ》メーカーが販売《はんばい》した商品《しょうひん》がきっかけで、尾道《おのみち》ラーメンの名前《なまえ》が全国《ぜんこく》に知《し》れ渡《わた》ったといわれています。

10 宇部《うべ》ラーメン/山口県《やまぐちけん》

宇部《うべ》ラーメンは、久留米系《くるめけい》の濃厚豚骨《のうこうとんこつ》ラーメンが主流《しゅりゅう》で、その特徴《とくちょう》は茶濁《ちゃだく》した濃厚《のうこう》な豚骨《とんこつ》スープにあり、「くさうま」と呼《よ》ばれる強《つよ》い豚骨臭《とんこつしゅう》がすることで有名《ゆうめい》です。また、そのほとんどが、地元製麺所《じもとせいめんじょ》によるやわらかい麺《めん》を使用《しよう》しています。具材《ぐざい》はチャーシューやネギ、メンマなどがトッピングされます。店舗《てんぽ》によってこってりやあっさりなど、異《こと》なる味《あじ》わいが楽《たの》しめます。

11 下松牛骨《くだまつぎゅうこつ》ラーメン/山口県《やまぐちけん》

1952年創業《ねんそうぎょう》の「中華《ちゅうか》そば紅蘭《こうらん》」が、下松牛骨《くだまつぎゅうこつ》ラーメンの元祖《がんそ》です。初代《しょだい》が福岡在住時《ふくおかざいじゅうじ》に食《た》べた豚骨《とんこつ》ラーメンをヒントに、試行錯誤《しこうさくご》して生《う》み出《だ》したもの。牛骨醤油味《ぎゅうこつしょうゆあじ》のスープと低加水《ていかすい》の中太《ちゅうぶと》ストレート麺《めん》を使《つか》い、チャーシュー・ネギ・もやしをトッピングしていることが特徴《とくちょう》です。牛骨《ぎゅうこつ》で出汁《だし》を取《と》ったスープはうま味《み》と甘味《あまみ》がたっぷりで、あっさりとした味《あじ》わいです。ラーメンと一緒《いっしょ》に、いなり寿司《ずし》や煮玉子《にたまご》を食《た》べる文化《ぶんか》もあります。

12 瀬戸内《せとうち》ラーメンいりこそば/山口県《やまぐちけん》

西日本《にしにはん》では、カタクチイワシなどの煮干《にぼ》しのことをいりこと呼《よ》びます。瀬戸内《せとうち》ラーメンいりこそばは、周防大島沖《すおうおおしまおき》で獲《と》れたイワシで作《つく》ったいりこで出汁《だし》を取《と》った、山口県周防大島町《やまぐちけんすおうおおしまちょう》のご当地《とうち》ラーメンです。いりこの出汁《だし》をたっぷりと使用《しよう》したスープは、澄《す》んだ琥珀色《こはくいろ》をしています。町内各地《ちょうないかくち》の飲食店《いんしょくてん》でも提供《ていきょう》されています。

13 徳島《とくしま》ラーメン/徳島県《とくしまけん》

1942年、徳島食肉加工場が操業を開始しました。そのため豚骨《とんこつ》を安《やす》く買《か》えるようになり、豚骨《とんこつ》ラーメンが主流《しゅりゅう》になったといわれています。徳島《とくしま》ラーメンには白《しろ》・黒《くろ》・黄《き》の3種類《しゅるい》があり、白《しろ》は甘《あま》みのある豚骨《とんこつ》スープ、黒《くろ》は白《しろ》に濃口醤油《こいくちしょうゆ》を加《くわ》えたスープ、黄《き》は鶏《とり》ガラや野菜《やさい》を使《つか》ったスープが特徴《とくちょう》です。徳島《とくしま》ラーメンの具《ぐ》でよく見《み》られる豚《ぶた》ばら肉《にく》の醤油煮《しょうゆに》は、1963年創業《ねんそうぎょう》の「支那《しな》そば広東《かんとん》」が広《ひろ》めたといわれています。

※画像《がぞう》はイメージです。

14 今治《いまばり》ラーメン/愛媛県《えひめけん》

　地域《ちいき》の活性化《かっせいか》を目的《もくてき》として、2009年《ねん》に「久《く》留米《るめ》ラーメン光屋《みつや》」と「麺屋武吉《めんやたけよし》」が共同《きょうどう》で開発《かいはつ》したご当地《とうち》ラーメンです。今治市《いまばりし》は愛媛県《えひめけん》北東部《ほくとうぶ》に位置《いち》し、海《うみ》に面《めん》しています。タイやアジがよく獲《と》れるため、今治《いまばり》ラーメンのスープは小魚《こざかな》ベースの優《やさ》しい味《あじ》わいです。地産地消《ちさんちしょう》を目指《めざ》し、「伯方《はかた》の塩《しお》」や伊予地鶏《いよじどり》のチャーシュー、島《しま》レモン、すまきなど、小魚以外《こざかないがい》の特産品《とくさんひん》も多《おお》く使用《しよう》されています。

15 八幡浜《やわたはま》ちゃんぽん/愛媛県《えひめけん》

　八幡浜《やわたはま》の代表的《だいひょうてき》な特産品《とくさんひん》に、かまぼこやじゃこ天《てん》といった水産練《すいさんね》り製品《せいひん》があります。八幡浜《やわたはま》ちゃんぽんの特徴《とくちょう》は、鶏《とり》ガラ・カツオ・昆布《こんぶ》などで出汁《だし》を取《と》った黄金色《こがねいろ》のスープに、かまぼこやじゃこ天《てん》がのっていることです。麺《めん》は太《ふと》めの中華麺《ちゅうかめん》で、具材《ぐざい》には野菜《やさい》や豚肉《ぶたにく》もたっぷり使用《しよう》されています。2014年《ねん》に「八幡浜《やわたはま》ちゃんぽん振興条例《しんこうじょうれい》」が制定《せいてい》され、地域活性化《ちいきかっせいか》のカギとして期待《きたい》されています。

16 みそカツラーメン/高知県《こうちけん》

　みそカツラーメンは高知県《こうちけん》で複数《ふくすう》の店舗《てんぽ》を展《てん》開《かい》する「ラーメンの豚太郎《とんたろう》」で生《う》まれたご当地《とうち》ラーメンです。「ラーメンの豚太郎《とんたろう》」の店主《てんしゅ》は、以《い》前《ぜん》は食堂《しょくどう》を経営《けいえい》していました。その後《ご》、ラーメン屋《や》になり、そこで「カツをラーメンに入《い》れるとおいしいのではないか」と考《かんが》え、味噌《みそ》ラーメンに自家《じか》製《せい》のカツをのせたことがはじまりです。

17 須《す》崎《さき》鍋《なべ》焼《や》きラーメン/高知県《こうちけん》

戦後《せんご》まもなく須崎市《すさきし》にあった「谷口食堂《たにぐちしょくどう》」で考案《こうあん》されたといわれています。親鶏《おやどり》の鶏《とり》ガラ醤油《しょうゆ》ベースのスープと、硬《かた》く細《ほそ》いストレート麺《めん》を使《つか》い、親鶏《おやどり》の肉《にく》・ネギ・生卵《なまたまご》・ちくわ（すまき）などをトッピングしていることが特徴《とくちょう》です。そのうえで、土鍋《どなべ》（ホーロー、鉄鍋《てつなべ》）に入《い》れてスープが沸騰《ふっとう》した状態《じょうたい》で提供《ていきょう》すること、タクワンを添《そ》えることなど7つのきまりを満《み》たしたラーメンだけが、須崎鍋《すさきなべ》焼《や》きラーメンを名乗《なの》れます。

九州《きゅうしゅう》・沖縄《おきなわ》

1 博多《はかた》ラーメン、長浜《ながはま》ラーメン/福岡県《ふくおかけん》

強火《つよび》で炊《た》いて白濁《はくだく》させた豚骨《とんこつ》スープと、低加《ていか》水《すい》の極細麺《ごくぼそめん》が特徴《とくちょう》のご当地《とうち》ラーメンです。かつては博多《はかた》ラーメンと長浜《ながはま》ラーメンは別系統《べつけいとう》でしたが、近年《きんねん》はほとんど違《ちが》いがなくなってきています。博多《はかた》ラーメンと長浜《ながはま》ラーメンはラーメン店《みせ》の数《かず》が多《おお》く、個性豊《こせいゆた》かなラーメンが楽《たの》しめます。紅生姜《べにしょうが》やゴマ、辛子高菜《からしたかな》のトッピングや、麺《めん》の硬《かた》さの指《し》定《てい》、替《か》え玉《だま》システムなどは、博多《はかた》ラーメンと長浜《ながはま》ラーメンの文化《ぶんか》です。

2 久留米《くるめ》ラーメン/福岡県《ふくおかけん》

久留米《くるめ》ラーメンの特徴《とくちょう》は、豚骨《とんこつ》を長時間煮込《ちょうじかんにこ》んだ、白濁《はくだく》した濃厚《のうこう》なスープです。濃厚《のうこう》さで知《し》られる博多《はかた》ラーメンよりも、さらにスープが濃厚《のうこう》な店《みせ》が多《おお》くあります。1937年創業《ねんそうぎょう》の屋台《やたい》「南京千《なんきんせん》両《りょう》」が久留米《くるめ》ラーメンのルーツですが、当時《とうじ》のスープは白濁《はくだく》していませんでした。1947年創業《ねんそうぎょう》の「三九《さんきゅう》」でたまたま生《う》まれた白濁豚骨《はくだくとんこつ》スープから、久留米《くるめ》ラーメンの人気《にんき》に火《ひ》が付《つ》いたといわれています。

※画像《がぞう》はイメージです。

3 佐賀《さが》ラーメン/佐賀県《さがけん》

久留米市《くるめし》で偶然白濁《ぐうぜんはくだく》した豚骨《とんこつ》スープを誕生《たんじょう》させた「三九《さんきゅう》」は、その後《ご》、佐賀市《さがし》へ移転《いてん》しました。佐賀市《さがし》の「三九《さんきゅう》」の従業員《じゅうぎょういん》から指導《しどう》を受《う》け、1955年《ねん》にオープンした「一休軒《いっきゅうけん》」が、佐賀《さが》ラーメンのルーツだといわれています。うま味《み》たっぷりでありながら塩分《えんぶん》と脂《あぶら》が控《ひか》えめの豚骨《とんこつ》スープと、やわらかめの中太《ちゅうぶと》ストレート麺《めん》が特徴《とくちょう》です。生卵《なまたまご》や特産品《とくさんひん》の佐賀海苔《さがのり》をトッピングする店《みせ》も少《すく》なくありません。

4 佐賀《さが》ちゃんぽん/佐賀県《さがけん》

佐賀県《さがけん》はちゃんぽんで有名《ゆうめい》な長崎県《ながさきけん》と隣《とな》り合《あ》っていますが、独自《どくじ》のちゃんぽん文化《ぶんか》が発展《はってん》しました。和風出汁《わふうだし》を使《つか》っていることや、長崎《ながさき》ちゃんぽんよりも野菜《やさい》の量《りょう》が多《おお》いことが特徴《とくちょう》です。店《みせ》によっては、個性的《こせいてき》なアレンジメニューも存在《そんざい》します。たとえば、豚骨《とんこつ》スープのちゃんぽんや担々肉味噌《たんたんにくみそ》を使用《しよう》したもの、モツを加《くわ》えたものなどがあります。

5 長崎《ながさき》ちゃんぽん/長崎県《ながさきけん》

全国的《ぜんこくてき》に有名《ゆうめい》な、長崎県《ながさきけん》のご当地麺《とうちめん》です。1899年創業《ねんそうぎょう》の中華料理店《ちゅうかりょうりてん》「四海樓《しかいろう》」の店主《てんしゅ》・陳《ちん》さんが中国人留学生《ちゅうごくじんりゅうがくせい》のために考案《こうあん》した、野菜《やさい》と魚介類《ぎょかいるい》がたっぷりの麺料理《めんりょうり》「支那饂飩《しなうどん》」がルーツだといわれています。現在《げんざい》でも、長崎《ながさき》ちゃんぽんといえば、ボリュームたっぷりの野菜《やさい》と魚介類《ぎょかいるい》、唐《とう》あく（かんすいの一種《いっしゅ》）を使用《しよう》したちゃんぽん麺《めん》が特徴《とくちょう》です。

6 熊本《くまもと》ラーメン/熊本県《くまもとけん》

熊本《くまもと》ラーメンの歴史《れきし》は、久留米《くるめ》ラーメンや佐《さ》賀《が》ラーメンのルーツである「三九《さんきゅう》」の玉名市内《たまなしない》にあった店舗《てんぽ》で修業《しゅぎょう》を積《つ》んだ職人《しょくにん》たちが、熊本《くまもと》市内《しない》でラーメン店《てん》を開《ひら》いたことにはじまります。久《く》留米《るめ》ラーメンや佐賀《さが》ラーメンとルーツが同《おな》じであるため、熊本《くまもと》ラーメンも濃厚《のうこう》な豚骨《とんこつ》スープが特徴《とくちょう》です。そこにニンニクチップやマー油《ゆ》（ニンニク油《あぶら》）など、ニンニクの加工品《かこうひん》が加《くわ》えられます。

7 玉名《たまな》ラーメン/熊本県《くまもとけん》

玉名《たまな》ラーメンのルーツもまた、久留米《くるめ》ラーメン・佐賀《さが》ラーメンのルーツである「三九《さんきゅう》」です。1952年《ねん》、玉名市初《たまなしはつ》のラーメン店《てん》として「三九《さんきゅう》」の支店《してん》がオープンします。玉名市《たまなし》の「三九《さんきゅう》」は人気店《にんきてん》となり、やがて熊本《くまもと》ラーメンの元祖《がんそ》となる3人《にん》のラーメン職人《しょくにん》が修行《しゅぎょう》をはじめました。そのため、玉名《たまな》ラーメンは熊本《くまもと》ラーメンの源流《げんりゅう》とされています。濃厚《のうこう》な豚骨《とんこつ》スープと中細《ちゅうぼそ》ストレート麺《めん》、後《あと》がけの焦《こ》がしニンニクが特徴《とくちょう》です。

8 太平燕《タイピーエン》/熊本県《くまもとけん》

熊本市内《くまもとしない》で人気《にんき》を集《あつ》めている麺料理《めんりょうり》です。昭《しょう》和初期《わしょき》に中国《ちゅうごく》から九州《きゅうしゅう》にやってきた方《かた》が、福建《ふっけん》省《しょう》の郷土料理《きょうどりょうり》をもとに創作《そうさく》したといわれていますが、正式《せいしき》な発祥地《はっしょうち》はわかっていません。長崎《ながさき》の中華街《ちゅうかがい》が発祥地《はっしょうち》だとする説《せつ》もあります。太平燕《タイピーエン》のスープは豚骨《とんこつ》と鶏《とり》ガラで取《と》った白湯《ぱいたん》、麺《めん》は緑豆《りょくとう》春雨《はるさめ》です。具《ぐ》は虎皮蛋《フーピータン》（揚《あ》げたゆで卵《たまご》）・野菜《やさい》・豚肉《ぶたにく》・魚介《ぎょかい》などが使《つか》われています。

※画像《がぞう》はイメージです。

9 佐伯《さいき》ラーメン/大分県《おおいたけん》

佐伯市《さいきし》は、大分県《おおいたけん》の南東端《なんとうたん》にあります。海《うみ》と山《やま》に囲《かこ》まれているため、ほかの地域《ちいき》との行《い》き来《き》が難《むずか》しい場所《ばしょ》でした。そのため、多種多様《たしゅたよう》な豚骨《とんこつ》ラーメンが存在《そんざい》する九州《きゅうしゅう》のなかでも、独自性《どくじせい》の強《つよ》い豚骨《とんこつ》ラーメンとなっています。佐伯《さいき》ラーメンの特《とく》徴《ちょう》は、ニンニクと胡椒《こしょう》の効《き》いた脂《あぶら》の多《おお》い豚骨醤《とんこつしょう》油《ゆ》スープと、やわらかい中太《ちゅうぶと》ストレート麺《めん》です。具材《ぐざい》は、チャーシューやネギ、もやしなどがよく使《つか》われています。

10 宮崎《みやざき》ラーメン/宮崎県《みやざきけん》

宮崎《みやざき》ラーメンの特徴《とくちょう》は、焦《こ》がしラードを使用《しよう》していることと、もやしがトッピングされていることです。スープは濃厚《のうこう》な豚骨《とんこつ》でありながらくさみが少《すく》なく、しっかりとしたうま味《み》を味《あじ》わえます。老舗《しにせ》ラーメン店《てん》では、薄味《うすあじ》の状態《じょうたい》でラーメンが提供《ていきょう》され、テーブル上《じょう》に用意《ようい》されたニンニク醤油《しょうゆ》で客自身《きゃくじしん》が好《す》きな味《あじ》になるまで調整《ちょうせい》するスタイルです。また、黄色《きいろ》い沢庵漬《たくあんづ》けが置《お》かれていることもあります。

11 鹿児島《かごしま》ラーメン/鹿児島県《かごしまけん》

九州《きゅうしゅう》の多《おお》くのご当地《とうち》ラーメンと同様《どうよう》に、鹿児島《かごしま》ラーメンのスープも豚骨《とんこつ》ベースです。しかし久留《くる》米《め》ラーメンの影響《えいきょう》は大《おお》きくなく、独自《どくじ》のルーツを持《も》つといわれています。野菜《やさい》や鶏《とり》ガラも使用《しよう》した濁《にご》りの少《すく》ないマイルドな豚骨《とんこつ》スープと白《しろ》くやわらかい麺《めん》を使《つか》っていること、お茶《ちゃ》と漬《つ》け物《もの》が添《そ》えられることなどが、鹿児島《かごしま》ラーメンの特徴《とくちょう》です。また、味噌《みそ》ラーメンを提供《ていきょう》する店《みせ》もあります。

⑫ 沖縄《おきなわ》そば/沖縄県《おきなわけん》

沖縄《おきなわ》そばの元祖《がんそ》は、1902年創業《ねんそうぎょう》の「観海《かんかい》楼《ろう》」だといわれています。当初《とうしょ》は支那《しな》そばの名《な》前《まえ》で販売《はんばい》されていましたが、戦後《せんご》、沖縄《おきなわ》そばとして広《ひろ》まりました。沖縄《おきなわ》そばの特徴《とくちょう》は、カツオと豚《とん》骨《こつ》がベースのスープを使《つか》っていることです。地域《ちいき》ごとに独自《どくじ》の発展《はってん》をとげ、八重山《やえやま》そばや宮古《みやこ》そばなど、さまざまな派生形《はせいけい》があります。また、沖縄《おきなわ》そばにソーキ（豚《ぶた》のあばら肉《にく》）がのったものはソーキそばと呼《よ》ばれ、人気《にんき》を集《あつ》めています。

※画像《がぞう》はイメージです。

ラーメンに関《かん》する博物館《はくぶつかん》

ラーメンの歴史《れきし》や文化《ぶんか》を知《し》り、ラーメン作《づく》りを体験《たいけん》できる

カップヌードルミュージアム 横浜《よこはま》

「インスタントラーメンの父《ちち》」と呼《よ》ばれる安藤百福氏《あんどうももふくし》の「クリエイティブシンキング（創造的思考《そうぞうてきしこう》）」を学《まな》べる施設《しせつ》です。館内《かんない》には、「チキンラーメン」が誕生《たんじょう》した「研究小《けんきゅうご》屋《や》」や、日清食品《にっしんしょくひん》の歴代商品《れきだいしょうひん》を展示《てんじ》した「インスタントラーメン ヒストリーキューブ」があるほか、安藤氏《あんどうし》が発明《はつめい》した「瞬間油熱乾《しゅんかんゆねつかん》燥法《そうほう》」の仕組《しく》みも学《まな》べます。世界《せかい》でひとつだけの「カップヌードル」を作《つく》ることができる「マイカップヌードルファクトリー」では、カップのデザインからスープや具材《ぐざい》の選択《せんたく》まで、すべて自分好《じぶんごの》みにアレンジできます。また、「NOODLES BAZAAR -ワールド麺《めん》ロード-」では、世界各国《せかいかっこく》のさまざまな麺料理《めんりょうり》を味《あじ》わえます。

カップヌードルミュージアム 大阪池田《おおさかいけだ》

「インスタントラーメン発祥《はっしょう》の地《ち》」である大阪府池田市《おおさかふいけだし》にあるミュージアム。安《あん》藤百福氏《どうももふくし》が世界初《せかいはつ》のインスタントラーメン「チキンラーメン」の開発《かいはつ》にたった一人《ひとり》で取《と》り組《く》んだ研究小屋《けんきゅうごや》が忠実《ちゅうじつ》に再現《さいげん》されています。また、「チキンラーメンファクトリー」では、小麦粉《こむぎこ》をこねるところから「瞬間油熱乾燥法《しゅんかんゆねつかんそうほう》」で乾燥《かんそう》するまでの工程《こうてい》を、楽《たの》しみながら体験《たいけん》できます。

新《しん》横《よこ》浜《はま》ラーメン博《はく》物《ぶつ》館《かん》

「新横浜《しんよこはま》ラーメン博物館《はくぶつかん》」は、日本全国《にほんぜんこく》の有名《ゆうめい》ラーメンを一度《いちど》に楽《たの》しめる施設《しせつ》です。館内《かんない》に一歩足《いっぽあし》を踏《ふ》み入《い》れると、そこはインスタントラーメンが誕生《たんじょう》した昭和《しょうわ》33年《ねん》の街並《まちな》みが再現《さいげん》された空間《くうかん》で、まるでタイムマシンに乗《の》ってタイムスリップした気分《きぶん》を味《あじ》わえます。

レトロな看板《かんばん》や駄菓子屋《だがしや》、丸《まる》いポストなど、昭和《しょうわ》の風景《ふうけい》に囲《かこ》まれながら、全国各地《ぜんこくかくち》の有《ゆう》名《めい》ラーメン店《てん》が軒《のき》を連《つら》ねています。ここでは単《たん》にラーメンを食《た》べるだけでなく、ラーメンの歴史《れきし》や文化《ぶんか》も学《まな》べます。「ラーメン作《づく》り体《たい》験《けん》」では、小麦粉《こむぎこ》から麺《めん》を作《つく》る過程《かてい》を体験《たいけん》できます。伝統的《でんとうてき》な「青竹打《あおたけう》ち」という製麺《せいめん》技法《ぎほう》を使《つか》って、自分《じぶん》だけのラーメンを作《つく》る楽《たの》しさを味《あじ》わえます。また、ミュージアムショップでは全国《ぜんこく》のご当地《とうち》ラーメンやオリジナルグッズも購入《こうにゅう》できます。「食《た》べる」と「学《まな》ぶ」が一度《いちど》に体験《たいけん》できる、ラーメンファンの聖地《せいち》といえるでしょう。

知《し》っておきたい！・ラーメン用《よう》語《ご》辞《じ》典《てん》

◉青竹打《あおたけう》ち

太《ふと》い青竹《あおたけ》を使《つか》って麺《めん》を打《う》つ伝統的《でんとうてき》な麺《めん》を作《つく》る方法《ほうほう》。麺《めん》に独特《どくとく》の食感《しょっかん》と風味《ふうみ》がある。手間《てま》はかかるけれど、高級感《こうきゅうかん》のある麺《めん》が作《つく》れる。

◉あく

煮込《にこ》み中《ちゅう》に浮《う》かぶ不純物《ふじゅんぶつ》。取《と》り除《のぞ》くことで澄《す》んだおいしいスープができる。丁寧《ていねい》にあく取《と》りをすると、きれいな色合《いろあ》いと味《あじ》わいが生《う》まれる。

◉アゴ

トビウオの頭部《とうぶ》を乾燥《かんそう》させたもの。ダシの材料《ざいりょう》として使《つか》われ、深《ふか》いうま味《み》がある。特《とく》に九州地方《きゅうしゅうちほう》のラーメンで多《おお》く使《つか》われる。

◉あつもり

つけ麺《めん》の食《た》べ方《かた》のひとつ。ゆでた麺《めん》を冷水《れいすい》で締《し》めたあと、改《あらた》めて湯通《ゆどお》しして温《あたた》める。熱《あつ》いつけダレと温《あたた》かい麺《めん》の組《く》み合《あ》わせで寒《さむ》い季節《きせつ》に好《この》まれる。

◉あっさり

脂肪分《しぼうぶん》や塩分《えんぶん》が控《ひか》えめで、さっぱりとした味《あじ》わいのラーメンを指《さ》す言葉《ことば》。夏場《なつば》や健康志向《けんこうしこう》の人《ひと》に好《この》まれる傾向《けいこう》がある。

◉インスパイア系《けい》

既存《きそん》の有名店《ゆうめいてん》にインスピレーションを受《う》けて作《つく》られたラーメン。「二郎《じろう》インスパイア系《けい》」が有名《ゆうめい》。独自《どくじ》の要素《ようそ》を持《も》ちながら、元祖《がんそ》の味《あじ》を大切《たいせつ》にする。

◉岡持《おかも》ち
出前用《でまえよう》の木製《もくせい》の箱《はこ》のこと。ラーメンを運《はこ》ぶときに使《つか》われ、保温性《ほおんせい》がある。昔《むかし》ながらの雰囲気《ふんいき》をかもし出《だ》し、懐《なつ》かしい感《かん》じがする道具《どうぐ》。

◉替《か》え玉《だま》
追加《ついか》の麺《めん》のこと。スープが残《のこ》っているときに麺《めん》だけを注文《ちゅうもん》して投入《とうにゅう》して食《た》べる。博多《はかた》ラーメンの文化《ぶんか》から広《ひろ》まったとされる。

◉加水率《かすいりつ》
水《みず》と小麦粉《こむぎこ》の比率《ひりつ》。高《たか》い加水率《かすいりつ》はもちもちした食感《しょっかん》を生《う》むが、スープとのからみが悪《わる》くなることもある。

◉かんすい
ラーメンの製麺《せいめん》に使《つか》うアルカリ性《せい》の水溶《すいよう》液《えき》。麺《めん》のコシや弾力《だんりょく》が生《う》まれ、特有《とくゆう》の風《ふう》味《み》が加《くわ》わる。

◉切刃番手《きりはばんて》
製麺機《せいめんき》の麺《めん》の太《ふと》さを示《しめ》す番号《ばんごう》。番号《ばんごう》が小《ちい》さいほど太《ふと》く、大《おお》きいほど細《ほそ》くなる。店舗《てんぽ》や地域《ちいき》によって好《この》まれる番手《ばんて》が異《こと》なることがある。

◉グルテン
小麦粉《こむぎこ》に含《ふく》まれるタンパク質《しつ》。麺《めん》のコシや弾力《だんりょく》といった食感《しょっかん》を生《う》み出《だ》すのに大事《だいじ》な要素《ようそ》。パン、パスタ、ピザなどの食品《しょくひん》に広《ひろ》く使《つか》われている。

◉コシ
麺《めん》の歯《は》ごたえや弾力《だんりょく》のこと。良《よ》い麺《めん》は適《てき》度《ど》なコシがある。小麦《こむぎ》の種類《しゅるい》、麺《めん》の作《つく》り方《かた》、ゆで加減《かげん》などによって変化《へんか》する。

◉こってり
脂肪分《しぼうぶん》や味《あじ》の濃《こ》さが強《つよ》めのラーメンやスープを指《さ》す表現《ひょうげん》。濃厚《のうこう》な味《あじ》わいが特徴《とくちょう》。寒《さむ》い季節《きせつ》や食欲旺盛《しょくよくおうせい》なときに好《この》まれる。

◉ご当地《とうち》ラーメン
各地域《かくちいき》の特色《とくしょく》を生《い》かした独自《どくじ》のラーメン。地域《ちいき》の名物《めいぶつ》として親《した》しまれる。地域特《ちいきとく》産《さん》の食材《しょくざい》や調理法《ちょうりほう》を取《と》り入《い》れていることが多《おお》い。

◉スープ
鶏《とり》ガラや豚骨《とんこつ》などいろいろな材料《ざいりょう》から作《つく》られる。地域《ちいき》ごとに特色《とくしょく》があり、ラーメンの味《あじ》を決定《けってい》づける。

◉スープ割《わ》り
主《おも》につけ麺《めん》の残《のこ》ったつけ汁《じる》にお湯《ゆ》を足《た》して薄《うす》めること。好《この》みの濃《こ》さにスープを調《ちょう》整《せい》できる。二度《にど》おいしく楽《たの》しめるサービスとして人気《にんき》。

◉熟成《じゅくせい》
麺生地《めんきじ》を一定時間《いっていじかん》寝《ね》かせることで、風《ふう》味《み》や食感《しょっかん》をよくする。生地《きじ》がしっかりしてゆで伸《の》びを防《ふせ》ぎ、よりコシのあるおいしい麺《めん》に仕上《しあ》がる。

◉背脂《せあぶら》

豚《ぶた》の背中《せなか》の脂肪《しぼう》。スープに浮《う》かべることでコクとうま味《み》を増《ま》す効果《こうか》がある。量《りょう》や状態《じょうたい》を変《か》えることによってこってりした味《あじ》わいを調整《ちょうせい》できる。

◉製麺機《せいめんき》

麺《めん》の大量生産《たいりょうせいさん》ができる装置《そうち》。安定《あんてい》した質《しつ》の麺《めん》をたくさん作《つく》れる。技術《ぎじゅつ》の進歩《しんぽ》により、手打《てう》ち麺《めん》に近《ちか》い品質《ひんしつ》の麺《めん》も作《つく》れるようになった。

◉背《せ》ガラ

豚《ぶた》の背骨《せぼね》。スープの出汁《だし》として使用《しよう》され、深《ふか》い味《あじ》わいを引《ひ》き出《だ》す。長時間《ちょうじかん》煮込《にこ》むことで、濃厚《のうこう》なスープのベースになる。

◉玉《たま》あげ（麺《めん》あげ）

ゆでた麺《めん》を湯切《ゆき》りする作業《さぎょう》。お湯《ゆ》から麺《めん》を引《ひ》き上《あ》げるタイミングが重要《じゅうよう》で、麺《めん》の食感《しょっかん》に影響《えいきょう》する。麺《めん》の味《あじ》を左右《さゆう》する重要《じゅうよう》な工程《こうてい》である。

◉ダブルスープ

二《に》種類《しゅるい》以上《いじょう》のスープをブレンドしたもの。複雑《ふくざつ》な味《あじ》わいを生《う》み出《だ》すけれど、それぞれのスープの特徴《とくちょう》を生《い》かし調和《ちょうわ》を図《はか》ることでおいしくなる。

◉卵麺《らんめん》

小麦粉《こむぎこ》に卵《たまご》を加《くわ》えて作《つく》られた麺《めん》。黄色《きいろ》い色《いろ》と独特《どくとく》の風味《ふうみ》が特徴《とくちょう》。もちもちとした食感《しょっかん》がありコシが強《つよ》い。

◉清湯《ちんたん》

透明度《とうめいど》の高《たか》い澄《す》んだスープ。鶏《とり》ガラや野菜《やさい》などからじっくり取《と》る。繊細《せんさい》な味《あじ》わいがあって具材《ぐざい》の味《あじ》を引《ひ》き立《た》てる。反対《はんたい》に、白《しろ》く濁《にご》るまで煮込《にこ》んだスープのことを白湯《ぱいたん》という。

◉テボ

麺《めん》をゆでるときに使用《しよう》する湯切《ゆき》りのざる。湯《ゆ》をはった鍋《なべ》などにテボを立《た》てて、麺《めん》を入《い》れてゆでる。湯切《ゆき》りのときに振《ふ》る

ため、「振《ふ》りざる」ともいう。

◉出前《でまえ》

店外《てんがい》への配達《はいたつ》サービス。温《あたた》かいラーメンを自宅《じたく》で楽《たの》しめる便利《べんり》なシステム。近年《きんねん》はデリバリーアプリの普及《ふきゅう》でさらに一般《いっぱん》的《てき》になっている。

◉乳化《にゅうか》

油脂《ゆし》と水分《すいぶん》を均一《きんいつ》に混《ま》ぜ合《あ》わせること。クリーミーなスープを作《つく》る技術《ぎじゅつ》。豚骨《とんこつ》ラーメンなどで多《おお》く見《み》られ、まろやかな口当《くちあ》たりを生《う》む。

◉練水《ねりみず》

麺《めん》を作《つく》るときに使《つか》う水《みず》。かんすいを濃《こ》くしたもの。麺《めん》の品質《ひんしつ》に大《おお》きく影響《えいきょう》する。硬度《こうど》や温度《おんど》を調整《ちょうせい》して最適《さいてき》にするとおいしい麺《めん》ができる。

◉のれん分《わ》け

技術《ぎじゅつ》や味《あじ》を受《う》け継《つ》いでスタッフが独立《どくりつ》して新店《しんてん》を出《だ》すこと。師弟関係《していかんけい》を大切《たいせつ》にしながら新《あら》たな味《あじ》を追求《ついきゅう》することもある。

◉バリカタ

ゆで時間《じかん》が少《すく》ない硬《かた》めの麺《めん》。歯《は》ごたえを重視《じゅうし》する人《ひと》が好《この》む。店《みせ》によってはさらに硬《かた》い「ハリガネ」もある。

◉丸鶏《まるどり》

鶏《とり》一羽《いちわ》丸《まる》ごと。スープの出汁《だし》に使《つか》うと鶏《とり》の部位《ぶい》のうま味《み》が凝縮《ぎょうしゅく》される。骨《ほね》、肉《にく》、皮《かわ》それぞれの特徴《とくちょう》が調和《ちょうわ》した深《ふか》い味《あじ》わいになる。

◉麺質《めんしつ》

麺質《めんしつ》には細《ほそ》いものから太《ふと》いものまであり、スープとの相性《あいしょう》や食《た》べごたえを考《かんが》えて選《えら》ばれる。地域《ちいき》や店《みせ》によってさまざまな麺《めん》質《しつ》がある。

◉もみじ

鶏《とり》ガラの足先《あしさき》の部分《ぶぶん》のこと。スープ作《づく》りの材料《ざいりょう》として使《つか》われる。形《かたち》が植物《しょくぶつ》の紅葉《もみじ》に似《に》ていることから、こう呼《よ》ばれている。

◉湯切《ゆき》り

ゆでた麺《めん》の余分《よぶん》な湯《ゆ》を切《き》る。麺《めん》の温度《おんど》や水分《すいぶん》の量《りょう》を調整《ちょうせい》する大切《たいせつ》な作業《さぎょう》。適切《てきせつ》な湯切《ゆき》りが、麺《めん》とスープのおいしいバランスを生《う》む。

◉夜鳴《よな》きそば

夜遅《よるおそ》くに営業《えいぎょう》する屋台《やたい》や移動販売《いどうはんばい》のラーメン店《てん》。地域《ちいき》の夜《よる》の文化《ぶんか》として親《した》しまれている。

◉レンゲ

ラーメンを食《た》べるときに使《つか》うスプーン。スープを飲《の》むのに適《てき》した形《かたち》になっている。中華料理《ちゅうかりょうり》の影響《えいきょう》を受《う》けていて、ラーメン文化《ぶんか》の象徴的《しょうちょうてき》な存在《そんざい》。

<参考文献>
『インスタントラーメン図鑑』（一般社団法人日本即席食品工業協会）
『お店やろうよ!⑲はじめての「ラーメン店」オープンBOOK』バウンド（技術評論社）
『教養としてのラーメン』青木 健（光文社）
『日本のめん食文化』（一般社団法人日本即席食品工業協会）
『日本ラーメン検定 公式テキスト』（日本ラーメンファンクラブ）
『もしもに備えて! 防災食活用のおススメ!』（一般社団法人日本即席食品工業協会）
『ラーメンの文化経済学』奥山忠政（22世紀アート）
『ラーメンの誕生』岡田 哲（筑摩書房）
『「ラーメン」の謎』（イーストプレス）
『W26世界の麺図鑑』（地球の歩き方）

<参考HP>
インスタントラーメンナビ
カップヌードルミュージアム横浜 公式サイト
クックドア ホームメイト・リサーチ公式サイト
世界ラーメン協会（大阪府池田市）公式サイト
新横浜ラーメン博物館公式サイト
日本ラーメン協会公式サイト
日本ラーメンファンクラブ公式サイト

<画像協力者>
日本ラーメンファンクラブ実行委員会代表委員　山本 剛志
日本ラーメンファンクラブ実行委員会代表委員　河田 剛
日本ラーメンファンクラブ実行委員会委員　谷 瞭
ラーメンどんぶりコレクター　加賀 保行
ラーメン研究家　石山 勇人
筑井 秀昭
山本 誠太郎
麗 うらら
西村 圭史

Creative Staff
● 編集/エディットリアル株式會社
● 執筆協力/長沼良和
● デザイン/西川雅樹
● DTP/風間佳子、千葉幸治
● 写真提供/旭川しょうゆホルメン、味の大王、宇部市観光交流課、大槌町、勝浦タンタンメン企業組合、釜石観光物産協会、上川町産業経済課、源来軒、佐野市ブランド戦略課、なかしべつ観光協会、西会津町商工観光課、食堂園、日清食品、八戸らーめん会、八幡浜市商工観光課、八平の食堂、はらや、本家第一旭、萬珍軒、ラーメンの豚太郎、レストラン大手門、ワンタンメンの満月、PIXTA

協力/一般社団法人日本ラーメン協会

知って極める！ラーメンのすべて
日本独自の進化とおいしさを大研究

2025年1月20日　　第1版・第1刷発行

著　者　　ラーメンのすべて編集部（らーめんのすべてへんしゅうぶ）
協　力　　一般社団法人日本ラーメン協会（いっぱんしゃだんほうじんにほんらーめんきょうかい）

発行者　　株式会社メイツユニバーサルコンテンツ
　　　　　代表者　大羽 孝志
　　　　　〒102-0093東京都千代田区平河町一丁目1-8
印　刷　　株式会社厚徳社

◎「メイツ出版」は当社の商標です。

ご意見・ご感想はホームページから承っております。
ウェブサイト　https://www.mates-publishing.co.jp/

企画担当：堀明研斗